塞謬爾・斯邁爾斯
談節儉 筆記版

雄踞亞馬遜勵志類圖書排行榜，
超越《富爸爸，窮爸爸》的財富經典

塞謬爾・斯邁爾斯 Samuel Smiles 著　伊莉莎 編譯

◎真正的財富藏在你每天忽略的小細節裡！
◎智慧和勇氣是打造財富帝國的成功基石！
◎與其規劃財務，不如學習「製造」財富！

轉換思維，不再與機遇擦肩而過
打破常規，平凡的你也可以創造不平凡

目錄

序言　富人憑什麼　　　　　　　　　　　　005

第一章　財富的通行證 —— 勤儉　　　　　007

第二章　加入富人的行列　　　　　　　　　017

第三章　揮霍是貧困的預言　　　　　　　　033

第四章　做金錢的主人　　　　　　　　　　041

第五章　財富的榜樣力量　　　　　　　　　055

第六章　合作能夠迅速累積資本　　　　　　075

第七章　保險中的理財之道　　　　　　　　093

第八章　在貧困中創造價值　　　　　　　　103

第九章　花好每一分錢　　　　　　　　　　129

第十章　富有與偉大並存　　　　　　　　　145

第十一章　節制醞釀財富　　　　　　　　　167

第十二章　債務猶如利刃　　　　　　　　　189

第十三章　救濟不是萬能的　　　　　　　　213

第十四章　健康是最寶貴的財富　　　　　　233

目錄

序言　富人憑什麼

赫赫有名的華倫・巴菲特（Warren Buffett）先生，人們常常疑惑其致富的法門以及財富的真正意義。這無疑是難以解答的問題，因為大部分人奮鬥一生，卻仍然一貧如洗，只有少數人能夠站在財富金字塔尖端居高臨下。

巴菲特曾經像當今奔波於華爾街的年輕人一樣，渴望財富叢生，但是錢包中往往只有幾張殘舊的鈔票，僅夠一頓簡單的溫飽。儘管如此，他從未放棄夢想，時常在心中自勉：「我會比洛克斐勒更為富有！」當貧窮和艱難光臨時，這一句話總是令他備受鼓舞。現今，許多年輕人也以此自許：「我會比巴菲特更加富有。」這無疑令巴菲特感到欣慰。

年輕人理應奮勇追求財富。財富可賦予人喜悅與自尊。我們應該感恩財富之神，因其使我們由無名小卒蛻變為聞名遐邇的投資家；使我們能不受阻礙地出入白宮，與美國總統成為知交；使我們得以隨時出國旅遊，在各地留下足跡。有錢的感覺，確實讓人動心不已。

財富昭示社會中的勝者與強者。在富人與窮人的角力中，往往以富人占據上風告終。

富裕階層深知世上沒有所謂毫無代價的獲利。他們明白財富的累積需要努力勞動和智慧。因此，他們不會迷信於一夕暴富的神話，也不會輕易相信任何平白得來的好處。

富裕人士由於擁有龐大的財力、非凡的才能和充足的智慧，並不願意成為制度下的螺絲釘，被他人安排擺布。他們亦不喜歡每天按照規則

序言　富人憑什麼

重複做著相同的事情，更不樂意受到規則的束縛。富人喜愛創造規則，將貧窮者視為螺絲釘，然後由自己來操縱這些螺絲釘。

富人往往擅長整體規劃，不會被瑣碎重複的工作所束縛。一旦從瑣碎事務中解脫出來，他們便有更多時間和精力去學習新事物思考、嘗試各種可能。由於累積了豐富的知識與技能，他們得以不斷增添財富。

豪門人士的各種娛樂活動，其實也是一種工作形式，並且具有明確的目的性，與單純無所事事的閒逛截然不同。他們的悠閒時光，是為了陶冶性情，以備未來的勝利。事實上，他們的頭腦從未停歇。

富裕人士常能從平凡生活中發現契機，他們的靈感源自持續的累積及獨特的視角。靈感乃一瞬間的激發，富人與窮人的分野在於，面對靈感與機遇時，能否充分掌握運用。

富人無疑擁有待其開發的極大潛在能力。由於他們能保持樂觀進取的心態，因此幾乎都能夠如願以償。相反，負面失意的心態會使人膽怯無能，乃至陷入貧困，這是因為貧窮者放棄了對潛能的開發，使其永遠沉睡於腦海之中。

富裕人士喜歡微笑，因為他們明白微笑能獲得豐厚的回報。

克勤克儉是富裕人士的美德。往往越是富豪，越見其儉約。因其明瞭獲得財富並非易事。富豪擔憂若放縱自己揮霍財富，財富就會像水龍頭般，開啟後隨意耗散。他們相信節儉可以防範自身陷入貧困境地，並可在艱困時刻保持堅韌的品性。

現今我們應該已經了解了致富的奧祕所在，那便是以富人的思考和行事方式為鏡。若能與富人的作為相符，那麼你也必定能躋身富裕之列。事實上，累積財富的方法就是如此直截了當。

第一章　財富的通行證 —— 勤儉

　　我人生的成就並非來自於我所擁有的東西,而是源於我雙手的辛勤勞動。

　　　　　　　　　　　　　　　—— 湯瑪斯・卡萊爾(Thomas Carlyle)

　　為建造矗立於平地之上的雄偉建築物,我們必須竭盡全力。昔日與今日皆為我們建造高大樓宇的基石。

　　　　　　　　　　　　　　　—— 亨利・華茲華斯・朗費羅
　　　　　　　　　　　　　　　(Henry Wadsworth Longfellow)

第一章　財富的通行證—勤儉

隨著人類文明的進化，儲蓄節約之道應運而生，因為人類意識到必須為當下及未來做好適當準備。事實上，在貨幣出現之前，勤儉的理念已根深蒂固。

勤儉的品德蘊含著審慎而精細的個人消費習慣，其中包括謹慎節省家庭生活開支，並有序管理、維持家庭事務，而非毫無頭緒的混亂局面。

個體經濟學的目的在於塑造和培育個人豐盛的生活之道，而政治經濟學的宗旨則在於建構和增進國家的財富實力。

個人資產和公共資源的累積源於人類的勤勉勞作。財富因為儲蓄和累積而得以世代傳承，而可以持續增加的原因，則有賴於不懈地努力。

個人的節儉理當視為累積財富的根基，進而締造國家安康的美滿生活。反之，個人奢靡無度，則亦必致貧國。由此觀之，每一位量入為出、勤儉不苟的人都應受讚頌，而揮金如土、作風放蕩的人則會被眾所詬病。

個人節儉的必要性毋庸置疑，每個人都應當理解並實踐。然而，若將之投射至政治經濟學領域，則必將涉及諸多爭議，譬如資本分配、財產累積、稅率調整等超出本書討論範疇的議題。單就個人節儉這個主題，就足以支撐本書的內容。

儉樸並非人生來就有的特質，而是人們藉著經驗、楷模及遠見啟迪而養成的品德，是教育與智力的結晶。只有人們懂得取捨與實現長遠目標的重要性後，才能致力於儉樸。

人性之中，貪婪與懈怠似乎比節儉更為天性使然。原始人類因為缺乏對未來的意識和憂慮，尚未開始儲蓄，幾乎未能留下任何遺產。他們

居住於山洞，或藏身於谷底的灌木叢中，以採集濱海貝類或蒐集叢林野果為生。他們用石塊獵殺動物，或以伺機、主動追趕的策略捕獲獵物。後來，他們意識到可以將石頭打磨成弓箭頭、長矛的尖端，這樣一來，便提高了捕獵的效率。

在原始人類的頭腦中，農業的概念並不存在，直到較近的時期，人們才開始將採集的種子視為食物，並貯藏其中一部分，以供來年使用。當人類發現地球上的礦物後，便將其冶煉成金屬，並廣泛運用火力，這是人類文明發展中的重要里程碑。此後，人類開始製作精良耐用的工具和尖銳的石器，離開洞穴建造房屋，並以不懈的努力締造和主宰多樣化的文明與力量。

原始人類居於海畔，自林中伐木，然後將大木頭拖至岸邊，將樹燒乾再推入海中，就可以站在上面捕魚。這個後來演化成小木筏，用鐵釘將它們連起來變成一艘。隨著人文發展，小木筏又逐步演化為單層甲板帆船、海船、槳船、輪式蒸汽船等等。如此一來，那原始神祕的世界畫卷便被殖民與文明所開啟。

倘若非先輩們富有成效的勞動所累積的成果，人類或許仍置身於原始野蠻的狀態，艱難地摸索前行。先人們開墾土地，種植糧食作物；他們發明了各式實用工具及織品，如今人類得以承襲前人經驗與技能。他們探索藝術與科學，使我們沐浴在智慧文明之光中。

大自然昭示，任何美好事物的出現，皆非一朝一夕可成。那些已逝的先人永遠映照著我們。人類的工藝技藝從尼尼微、巴比倫、特洛伊等遠古遺跡延續至今，大自然所凝聚的人類勞動創造的智慧永不湮滅。這些成果將世世代代相傳，也許不會造福個人，但是一定會惠及全人類。

實際上，我們所繼承的遺產中，物質財富並非最重要的東西。相反

第一章　財富的通行證—勤儉

地，我們還擁有更加不朽的事物，這些事物蘊含了人類技能和勞動中最具價值的部分，這種無法透過單純學習而獲得的遺產，只能透過教育和交流來發揚光大。一代人教育下一代人，才能讓藝術和手工藝的技能、設備和材料的知識得以儲存、傳承，前人的勞動成果以相傳的方式被延續，人類的自然遺產不斷累積、新增，這正是文明發展的一種重要形式。

身為後世子孫，我們有幸繼承先祖累積的寶貴成果，這無疑是我們的天賜禮物。然而，我們必須透過自身的勞動，才能真正享受此等恩賜。不論是體力勞動抑或智力工作，人人都應盡一份心力。沒有工作，生命便失去了意義，人亦可能陷入道德麻痺的困境。我們所稱的「工作」，不僅包括單純的體力付出，更涉及許多多面向的活動：訴訟和法庭審理、企業經營管理、慈善公益、弘揚思想、救助貧弱、扶助弱勢脫困自立等等。這些勞動皆為人生增添了尊嚴與價值。

一位高尚的靈魂絕不會像懶惰者般，依靠他人的勞動成果生存，也不會像寄生蟲般，偷取公共糧倉中的食物維生，更不會像鯊魚般，以捕食弱小生物為生。相反地，他會全力履行自己的義務，關愛並幫助他人，為社會奉獻無私的愛與力量。不論是君王的統治，還是農人的勤勞，正如艾薩克・巴羅（Isaac Barrow）所言，任何工作要想取得完美成就、優良聲譽及高度滿意，都需要付出大量心力與體力。

勞動不僅是一項必要，它同時是一種愉悅。曾被我們唾棄的勞動，如今已成為上蒼恩賜於我們的財富。有時，我們的生命需要與莫測的自然力量抗衡，但是在其他時候，自然又展現出溫和的一面，與我們攜手合作。自然固然從我們身上汲取生命力，但我們亦從她那裡獲取滋養與溫暖。

大地慈悲地與我們共同耕耘。她賜予我們肥沃的土壤，讓我們播下種子，並收穫碩果。透過人類的勞動，她賜予我們溫暖的天然纖維和美味的食物。無論貧富，我們所享用的一切，都是來自於汗水與智慧的交織。

巴羅

為實現共同的美好生活，各行各業的人們專心致志於各自的工作。農夫以雙手耕耘，為社會大眾供應糧食；紡織工人精心織造綢緞，裁縫師以巧手縫製衣衫；泥瓦匠們運用的純熟技藝，為人們建造遮風避雨、溫暖舒適的居所。正是勞動者們的不懈努力，共同鋪就了今日人類社會的美滿道路。

一位年邁的農夫即將離世，他召集了三個懶散的兒子，向他們透露一個重要的祕密。老人虛弱地說：「孩子們，在我留給你們的農場裡，藏有許多財寶。你們要從那片土地開始挖掘。」然而，就在老人即將道出藏寶之處時，他的呼吸戛然而止，悄然離世。貪婪的兒子們急不可待，湧入農場，狂熱地挖崛起來。他們揮汗如雨，連那些荒蕪的角落也未放過，試圖找尋藏匿的寶藏。然而最終，他們一無所獲。這時，他們猛然領悟到父親的遺言。從此，他們勤勉地耕種，播種於被翻耕過的土地。

第一章　財富的通行證—勤儉

秋收時節,他們收穫了豐饒的果實,穀倉內堆滿了糧食,他們終於明白了父親留給他們的真正財富——勤勞的雙手。

傳教士聖保羅

　　勞動的雙重面向不容小覷。一方面,它為人類生活帶來艱辛與疲憊;然而另一方面,正是這份勤勉與汗水,成就了我們最崇高的成就。事實上,所有偉大的文學、藝術與科學成就,均源自人類勞動的果實。知識作為我們飛往天際的翅膀,亦只能透過不懈的勞作而獲得。所謂天才,不過是勇於付出、堅持不懈的表現。或許勞動的時候是艱辛的,但它更是一種榮耀,是一種責任,是虔誠與不朽的寫照。這是對那些追求崇高人生理想、為之孜孜不倦的人們的最高讚譽。

　　許多人不滿足於以艱辛的勞動維生的生活準則,卻很少深思反省:遵守此準則不僅是順從上帝的旨意,更是因應人性發展、開發人類共同本性的必要條件。在所有擁有不幸命運的人其中,懶惰者實屬最為悲慘——他們的生命如同一片荒漠,除了尋求感官滿足外,再無所成。社會中,還有誰比這些人更加怨天尤人、悲慘至極、自私貪婪?他們往往陷於無趣的困境,對自己及他人皆無貢獻,僅是消耗社會資源。無人會

追憶他們離世後的身影。

在推動人類文明的發展中，沒有什麼能匹敵勞動的力量。所有被稱之為進步的事物，如文明、健康、繁榮，皆源於勤勉實踐。從種植農作物到製造蒸汽輪船，從縫製衣領到「令全世界陶醉」的雕塑藝術，皆出自勞動者之手。

偉大思想的形成無不來自於持續的學習、勤勞的工作、細心的觀察、深入的研究以及考量。若非經歷長期艱辛的思考，那些美妙動人、流芳百世的詩篇又怎麼能誕生？成功的偉業無一能靠「一念之間」而成，唯有歷經無數次的失敗與努力，方能獲得最終勝利。宏偉的事業往往需要歷經數代人的堅持與奉獻，只有前仆後繼的奉獻精神，才能薪火相傳、循序漸進。巍峨的帕特農神廟由小泥屋積壘開始搭建；名作《最後的審判》亦起源於沙灘上的塗鴉。就個人而言，成功也是這樣的道理，往往源於失敗，但是唯有堅定信念、不懈奮鬥，最終才會通向成功之路。

勤懇勞作銘刻於人們的品德中，即使是最窮困的人，亦能從勤儉中感受到榮辱與尊嚴。在文學、藝術、科技領域中，最偉大的名號均屬於最勤勉的人。一位儀器工人開創蒸汽動力機；一名理髮師發明紡紗機；一位紡織工人發明走錠精紡機；一名小販巧妙地改造火車功能……等，來自各階層一代又一代的工人們為機械技藝的持續發展做出了巨大的貢獻。

對於勞動者這個概念而言，我們不應該將其局限於仰仗肌肉與流汗方能完成工作的人群，即便是一匹馬也有能力從事此類型的勞動。然而，人類之所以是最卓越的勞動者，是因為我們擁有運用大腦思考、工作的能力。人類的一切生理機能皆受此等更高層次能力的支配。譬如，一個人從事寫作、繪畫、制定法律或創造詩歌，皆屬於更高級形式的勞

第一章　財富的通行證—勤儉

動。雖然這些工作在維持社會生存方面或許不如農夫或牧羊人的工作重要，但是在推動社會向更高智慧精神的發展上，腦力勞動者的貢獻並不遜於體力勞動者。

勤勉的重要性和必要性是我們先前深入探討的核心話題，人類從勞動中獲得了無可估量的益處，這是不爭的事實。若非依靠前人在技藝、藝術、科技、知識文化等領域的文明遺產，我們或許仍然困在野蠻人的世界。

勞動所孕育的財富累積，也締造了人類文明的發展。財富累積是勞動創造的結果，只有勞動者開始累積財富，文明才能躍升。正如文章開頭所述，節儉伴隨文明同步誕生，我們甚至可以說，正是節儉產生了文明。節儉滋養資本，而資本又是勞動累積的成果。資本家即是一個不會揮霍他所創造的全部價值的人。

勤樸節儉並非人類的天性，而是後天培養而成的行為規範。它需仰賴自我節制的力量——抑制當前享樂的慾望，為未來謀劃，使原始慾望臣服於理性、遠見及謹慎。它既為現在工作，亦為未來工作。它將累積的資本作投資用途，以為未來發展做好準備。

詩人阿佛烈・丁尼生（Alfred, Lord Tennyson）曾指出，理性引領下的遠見卓識，與為未來做打算的義務是密不可分的。無論何時提及節儉美德，其含義皆是先謀後行，不豫則廢。我們應該清楚知道，未來必定嚴峻，為之做好準備才是人類最明智的選擇。

西班牙是一片富饒的沃土，然而其產出卻異常低下。沿著瓜達基維河流域，曾經有著近一萬兩千個村落，如今僅剩不足八百個，並且皆淪為了窮困潦倒之處。西班牙有一句諺語說得好：「蒼穹和大地都是美好的，唯獨位處其間的人卻是最糟糕的。」堅韌不拔的勤勞工作，在西班

牙人看來竟是最難以忍受的行為。這既源於人們的惰性，也出於他們的自負自尊，不願付出艱辛。一個西班牙人寧願因為工作而抬不起頭來，也不會為討飯感到羞愧。

由此觀之，社會主要由兩大階層構成——節儉派和揮霍派；只關注當下利益者和能為未來生活規劃者；奢華的人與儉樸的人；無產階級與富有階層。

那些憑藉艱辛努力和勤懇節儉而最終成為資本家的個人，創造其他的就業機會。他們能夠累積手中的資本，接著雇用他人為自己服務。由此，商業和貿易順勢而生。

勞勤節儉的群眾能夠興建房舍、庫房與工廠。他們將機械應用於生產過程以開創製造業；他們建造船隻以遊歷萬里；他們集中閒置資金用於建設鐵路、港口與碼頭；他們開發煤礦、鐵礦與銅礦；為維持水質而安裝抽水設備。他們雇傭大群勞工開發礦山，鋪設公路，顯著增添了社會上的就業人數。

節儉是致富之本。它使人能節省資金，並將之用於創造社會財富。反之，那些縱情揮霍的人無益於社會進步，他們揮霍一空，無暇回饋社會。無論其掌握多少資金，其社會地位也難以提升，他們從未了解合理利用資源的重要性，往往依賴他人。事實上，他們淪落為節儉的人的天生奴僕。

第一章　財富的通行證—勤儉

第二章　加入富人的行列

掌握自身的主宰能力至關重要。

—— 約翰・沃夫岡・馮・歌德
（Johann Wolfgang von Goethe）

第二章　加入富人的行列

　　只需憑藉智慧和努力，幾乎每個人都能過上富足閒適的生活。那些擁有豐裕收入的人們，或許可以成為資本家，並在社會進步的氛圍中享受應得的快樂。然而，唯有付出勞動、精力、誠信和勤勉，方能改善處境、提升身分地位。

　　今日社會的困境並非缺乏財富，而是過度揮霍。賺錢要比有效消費容易得多。一個人的財富並非單純由勞動收入構成，而是取決於其消費和儲蓄方式。當個人薪資收入超出必要開支後，便能逐步累積資金，從而獲得相對自由的生活條件，這些微薄積蓄或許不算豐厚，卻可視為獨立的資本基礎。

　　令人費解的是，為何如今高收入階層的勞工階層無法累積財富？這實際上源於個人自制力和節儉習慣的問題。無可否認，當下實業界領袖來自社會各階層，正是工作經驗和專業技能的差異造就了勞工與非勞工的分野，這取決於勞工自身是否願意儲蓄資金，而非任意揮霍。若能自覺地節省資金，他們將發現大量將資金用於可增值投資事業的機會。

　　理察・科布登（Richard Cobden）先生向他的老鄉述說：「我同幾位先生參觀了一家紡織廠，我不想透露該廠主的真實姓名，姑且稱之為史密斯先生。工廠運轉時，至少有 3,000 或 4,000 名工人在內勞作，共有 700 臺電力織布機在運轉。告別工廠時，一位陪同的朋友以截然不同於本地人的率性和隨意，拍著史密斯先生的肩膀說：『史密斯先生 25 年前只是個工人，能有今日的成就，全靠他的勤勞節儉。』對此，史密斯先生也以同樣的坦誠和幽默回應：『這並非全靠我自己，還要歸功於我娶了一位富有的妻子，她嫁給我時，每週在這家紡織廠賺 9 先令 6 便士。』」

科布登先生

時間的價值遠勝於金錢。正如班傑明‧富蘭克林（Benjamin Franklin）所言：「時間即是金錢。」若想獲得豐厚收益，人們就必須學會妥善利用時間。時間可用於學習、研究、藝術創作和科學探索等崇高而豐富多彩的事業。我們應該有條不紊地管理時間。計劃是為了實現特定目標而制定的安排，使我們能高效率地達成目標，不浪費分毫的寶貴時光。無論是商人還是家庭主婦，都需要具備制定計畫並嚴格執行的能力。事物各得其所，每個位置上也都應該配有與之相應的事物。任何事務皆需花費時間，因此應當及時、有效地完成。

節儉不需要付出很大的勇氣，也並非高智商的人才能夠做到。節儉只需要一些常識，並壓制享樂的慾望就可以實現。事實上，節儉只是平凡生活的常識，並不需要多大的決心才能做到，只要持之以恆、自我約束即可。現在付諸實踐，就能看到立竿見影的效果。如果能堅定不移地保持節儉的習慣，只要暫時克制自己的欲望，就可以獲得意外之外的豐厚收益。

我們不妨探討這樣一個問題：對於收入微薄的人而言，當他將賺來的每一分錢都用於維持家庭生計時，他是否還有能力將資金存入銀行？

第二章　加入富人的行列

事實上，答案是肯定的，這樣的情況正發生在我們身邊許多恪守儉約、自我節制的人身上。他們確實能夠克制自己的開支，將外快存入銀行，而其他形式的儲蓄亦可為窮人提供累積資產的管道。若有人已經實現此舉，那麼在相似的處境下，其他人也能夠效法，這並不會影響到他們原應擁有的幸福。

美國政治家富蘭克林

對於高收入人群來說，將全部的收入都用於個人開支，這無疑是一種狹隘的做法。即便他們需要養家餬口，若是將每週薪水全部用於家庭消費而不留存一分，這也難免令人感到缺乏對未來的考慮。當我們聽聞某高收入人士死後竟未留下任何財產──除了陷入困境的家庭，任由命運的擺弄──我們很容易下意識地認為這是最自私、最不仁慈的行為。雖然這樣的案例相對較為少見，但是如此不幸的家庭最終可能淪落到貧困的地步。

然而，從更廣泛的角度來看，培養節儉的習慣能夠有效預防此等不幸事件的發生。即便減少一次奢侈開支，或暫時放棄短暫的快樂時光，例如少享受一次高級餐廳，或放棄一根雪茄，也許便能在自己的一生當中為他人節省下生活的必需品，而不至於將這些資源消耗在自己身上。

事實上，相比那些處身社會最低層的人而言，日常的「精打細算」——儘管在某些人看來微不足道——實則為自己及家人未來可能遭遇的疾病或絕望時刻做好了及時的準備。畢竟，不幸總是出現在人們意料之外的時候。

成為富有並非易事，事實上，我們大多數人只能依靠勤奮努力和節儉生活來滿足個人需求，並為未來儲存必要的財富。然而，在這個過程中，缺乏的並非是機會，而是堅定的意志力。一個人或許可以全身心地投入工作，但是仍然很難完全避免陷入奢侈浪費的生活方式。富裕並非大眾所能企及，唯有持之以恆的自律和克制，才能累積足夠的財富，應對日後可能會面臨的孤獨與貧困。

大多數人寧願一時沉溺於虛華表象，而非忍受暫時的貧困困境。他們往往將所得一一揮霍，導致毫無積蓄。這種情況並非僅限於高收入階層，我們也聽過有不少人在短時間內耗盡多年積蓄的案例。當他們終於長眠於地下，卻沒辦法留給家人一分錢，就連家人可以安身的居所，也可能已經被他人占有，原因很簡單——家人不得不出售房屋以支付沉重的殯葬費用，並償還死者生前的大筆債務。幾乎每個人都能說出類似的故事。

金錢常常被浪費在毫無意義、無法創造新價值的行為上。然而，金錢有時也象徵著某些珍貴的品德，比如自力更生的精神。從這個角度來看，金錢亦具有正面的道德屬性。

節儉作為一種平民化的品德，可作為一種最值得人們稱道的高尚美德。正如愛德華・布爾沃－李頓（Edward Bulwer-Lytton）所言：「切勿輕率地對待金錢，因為這足以彰顯人品。」金錢的正確使用，往往折射出人性之美：慷慨厚道、仁慈正直、忠誠誠信、顧全大局。但是眾所周知，

第二章　加入富人的行列

對金錢的盲目崇拜也可能滋生諸如貪婪吝嗇、自私浪費、只圖眼前利益等的惡劣品行。

巴威爾

勤樸節儉、累積財富是成就偉業的先決條件。缺乏此等洞見的群體恐怕很難有所作為。那些穿梭於收支平衡的人，無疑已將自身置於貧窮之境，喪失了對他人的尊重，亦失去了自尊，這樣的生活毫無自由與自主可言。因此，揮霍無度、缺乏節儉，終將讓人喪失自己的堅毅品格與美德。

一個人若能持之以恆地節省開支，無論所省下的金額有多微不足道，他的地位也可能因此而得到提升。他所累積的微薄資產，將成為他勤勉生活的精神支柱，這使他不再只是歷史和命運的捉弄對像，他能夠昂首挺胸地直視整個世界。從某種程度上說，他已學會掌控自己的命運，開始建立自主意識，他不會再被矇騙，也不會失去自我。當他步入晚年時，他可以無憂無慮地過上安逸舒適的生活。

當人類的行為趨於理性、思想趨於明智時，前瞻與節儉將成為他的典型特徵。不能顧及明日的人，將如野蠻人般將收益全部花光，對未來毫無準備，也不能替那些需要依靠他的人作打算。而睿智的選擇應該在

事業興隆時,為自身及家人做好未來可能會要面對困境的準備。

對於具有家庭責任的人而言,背負的義務可謂是沉重的。然而,並非所有人都具備如此高度的自覺,認真思考肩上的責任。或許上天早已妥善安排一切,因為當一個人有意迴避婚姻生活及其所需承擔的責任時,上述的嚴肅思考便被忽視了。一旦投入其中,就必須做好心理準備。只要在力所能及的範圍內,絕不允許自己的家庭陷入貧困,即便在遠離社會生活與工作之後,子嗣也不應該成為社會的負擔。

因此,儲蓄節約是一項至關重要,且不可推卸的責任。缺乏節約,任何人都無法擔保自己的誠信 —— 人必須具備誠實品格。缺乏遠見、未能為家人著想的人,對家人而言是殘酷的,而這種殘酷源於麻木無知。若一位父親將微薄積蓄全部用於酗酒作樂,他及家庭將難有任何盈餘,這樣的家庭在他離世後必將成為社會的不幸。還有比這個更殘酷的事嗎?然而,此種貪圖眼前快樂而不顧後果的生活方式,在各階層皆有相當大的比重。上層社會和下層一樣,對此感到無奈,因為他們的消費開支已經超越其財力範圍,然而他們仍延續著奢靡的生活方式,他們竭盡全力地獲取金錢,以維持當下的奢華享受 —— 品飲上等美酒,品嘗珍饈佳餚。

許多人一心追求財富,卻缺乏妥善儲蓄和精明消費的能力。他們憑藉著優異的技術和專業操守得到了豐厚的收入,卻在面對誘惑時失去克制的理性,不自覺地沉淪於滿足即時的欲望之中。有人將此歸咎於健忘,但是事實上,培養堅韌的意志力或毅然斷絕不必要的開支,都是遏制此類行為的有效途徑。

惹人注目的不外乎是奢華的生活方式。但對於那些養成自我節制習慣的人而言,其目的在於改善社會面貌與人際互動。節省開支,杜絕浪

第二章　加入富人的行列

費無用的生活方式，這正是他們所追求的。假如某項支出是多餘的，就算再低廉，也是昂貴的。千萬別小看細微的開銷，因為積少成多的後果往往超出預料。

當看到眼前物美價廉的商品時，即便並非迫切所需，人們也往往難以抑制購買的衝動。然而，這種盲目的消費習慣可能會導致在其他方面的開支也變得過度鬆散。

著名古羅馬哲學家西塞羅（Cicero）曾警告說：「切勿養成瘋狂購物的習慣，否則可能會得到出乎意料的後果。」不少人對商店中打折商品十分敏感：「這可是最便宜的價錢了，先買了再說。」「你真的需要這個嗎？」「現在也許用不到，但未來一定會用到。」

時尚潮流驅動了這個特殊的購物心理。有些人購買了古老的陶瓷製品——多數來當門面裝飾；另一些人則對字畫、古老家具和陳年老酒情有獨鍾——一都是便宜貨嘛！這些交易不會對收藏家們的利益造成影響，因此從事此類老物件買賣也不會帶來什麼利益衝突。霍勒斯・沃波爾（Horace Walpole）曾說過：「我對此類買賣絲毫不感興趣，我既沒有一英寸的房屋面積，也沒有四分之一便士可供出售。」

青年階段，人們理應為安享晚年而著手準備，逐步累積退休金。再也沒有能比目睹以下老年光景令人心痛欲裂的場景了：曾經努力工作、收入豐厚的美好時光已然一去不返，如今年邁體衰，每日以乞討維生，依賴鄰里善意或陌生人的憐憫度日。這種悽慘的情境往往能激勵人們更加盡心盡力地工作，並為未來做好周全規劃，不僅為個人，更是為整個家庭的幸福生活奠定堅實基礎。

在青年階段，人們就應該注意勤儉儲蓄，如此一來，等到晚年時，只要開支沒有超過收入範圍，生活必將安逸悠然。青年人前路漫漫，在

此路途中養成節省的習慣是必要的；而在生命之旅將近終點時，也不會成為世間的負擔。

遺憾的是，現實世界的情況並非如此。當代年輕人熱衷於消費，崇尚提前消費，肆無忌憚地揮霍，他們的消費水平甚至超過了已日薄西山的父輩。在他們可憐父親的生命結束後，才開始自己的獨立生活。由於生活方式的失衡，很快就陷於重重債務。為滿足那些無意義的需求，他們被迫採取卑鄙非法的手段謀取收入。一次次的投機和非法獲利，最終一切都化為泡影。他們得到了教訓，卻無法改正那惡劣的生活習慣。他們的人生軌跡依舊陰暗不堪。

睿智的蘇格拉底（Socrates）曾建議人們仔細觀察身邊那些養成節儉習慣的善良鄰居。他們謹慎地運用財富，只在必要時花費。以實際行動向他人傳授這種務實的生活方式，實在是一種值得學習的模範行為。曾有這樣一則故事：有兩人每日皆能賺得相同的錢。論及家庭生活及支出，他們的情況大致無異。

在這兩人中，有一位成員深信自己無法儲蓄金錢，所以從未嘗試累積財富。相反地，另一位成員認為確實可以透過節省開支，定期將積蓄存入銀行。最終，後者得以建立個人資產。

作家山繆・詹森（Samuel Johnson）曾深切體會到貧窮所帶來的艱難困境。在一次簽名會上，他將自己的名字簽為「絕食者」，以此直白表達其窮困的處境。有一次，他與朋友走遍整條街，卻因缺乏足夠金錢而被旅館服務員拒之門外，這段經歷他難以忘懷。因此，他常常提醒朋友和讀者，貧困可造成巨大的危害。與西塞羅相同，詹森也認為節儉是獲得財富與幸福的最佳途徑。他形容節儉是智慧的女兒、克制的姊妹，以及自由的母親。

第二章　加入富人的行列

　　他陳述道:「貧窮不僅剝奪了一個人施善的能力,更使其在抵禦肉體與精神上的誘惑時顯得力不從心。切勿隨便向他人借貸,我們必須下定決心擺脫貧困。無論現在有多少資金,消費時都應該保持謹慎。貧困是通往幸福的首要障礙,它毫不猶豫地剝奪了你的自由,並令你難以保持先前的美德。儉樸不僅是享受安適生活的基礎,更是行善的前提。無法自給自足的人恐難向他人伸予援手。我們必須先自立,才有能力去幫助他人。」

　　當節儉被視為是必須積極採取的行動時,我們便不再將其視為負擔。那些從未實踐節儉的人,終將明瞭其中的道理。只要每週節省一些錢,便能使自己的心靈充實,提升道德,甚至是昇華精神。

　　盡心做好每一項節儉工作,隨之而來的會是每一種尊嚴,這般情形使人受益良多。只需要自我克制,便可以增強我們的品德。它將使我們更好地實踐自我管控,培養出謹慎的心態,從而使謹慎成為我們突出的性格特徵,使美德成為抑制浪費的良方。如此種種,皆可讓人獲得從容自在的心境,化解各種無益的煩惱、悲苦與痛楚。

文人山繆・詹森

或許有些人會強調:「我無法做到這一切。」這是一種自我放棄的言論,事實上,每個人都有自己擅長的領域,如果沉溺於「做不到」的謊言中,勢必會使個人,甚至整個民族失去希望,走向沒落。

一位睿智的雇主善意地建議下屬勞工:「不妨提前做好準備,以應對未來可能遇到的困難。」後來,雇主詢問勞工的準備情況,勞工老實回答:「我什麼也沒有做。」

勞工抱怨道:「我按您的建議去做了,可是昨天下了一場暴雨,一切都完了 —— 我又去喝酒了!」

身為一個自立自強的人,責無旁貸地照顧好自己和家人是最基本的表現。這不僅展現了一個人的自尊心,更是對自己和家庭的最高承諾。即便在別人眼中,個人的興趣、閱歷、希冀和煩惱或許微不足道,但對自己而言,卻是最重要的一切。這些構成了一個人的日常生活、幸福感受,以及被他人所需的核心。因此,一個人不應該僅僅局限於自身的事務,而是要擺脫狹隘的視野,以更開放和全面的角度看待自己的人生旅途。

如果一個人想要公正行事,不僅需要端正品行,還要顧及對他人的責任。不應該將人生目標定得過於簡單,總是低頭向下看。相反地,應該崇尚更高遠的人生追求。想想自己所獲的智慧、才能和愛的力量,想想孕育人類的大地之母,這樣或許可以避免自私偏執。

每個人都應當尊重自我、珍惜身心靈。自尊源於自愛,它是邁向進步的先決條件,它鼓舞人們勇敢面對生活,發揮智慧改善生活。自尊是諸多美德的根基,如正直、誠信、純潔、莊重、克制等。狹隘自私,只為己謀利,必將陷入迷惘,有時甚至會跌入臭名昭彰的深淵。

第二章　加入富人的行列

人人皆有實現自我的潛力。我們並非任憑急流擺布的無助稻草，而是掌握自己命運的自由個體。我們具有勇於迎接挑戰、矢志不渝的精神與能力，能夠為自己的目標選擇正確的方向和道路。我們應互相幫助、砥礪品德修養，珍惜內心純真的思想，慷慨行善必能豐富我們的生活，為日後的不幸做好充分準備，我們應該博覽群書、虛心接受善意的教誨，以及大地母親最神聖的滋養。我們應該展望長遠、確立遠大的目標，並為之奮鬥。

詩人曾如是道：「愛自己和愛社會並不矛盾，二者是和諧統一的。」

自我完善、充實，其實也是改善、充實世界的過程，如此行事也必將塑造出更為正直高尚的人格。人群的基石正是無數微小的個體，若是人人提升自我修養，必將造就人類社會整體的進步與提升，這意味著社會的進步源自於個人的進步。倘若社會中的個體缺乏純善向上的品德，那麼社會本身也將難以純粹高尚。我們可以透過觀察個人的狀態，窺見整個社會的真貌。上述論點都在闡述一個不言而喻的道理，需要反覆強調以深植於眾人的心中。

然而從另一個角度來看，一個已經有所提升和改變的個體，其言行舉止將影響其所交往的人。他的影響力迅速增強，視野也變得更為廣闊。對於他人身上的缺陷及需要撫平的痛楚，他能比常人更敏銳地察覺。因此在向他人伸出援手時，他能有更大的作用。只要他全心奉獻，便能激發更大的感召力，影響他人完成同樣的責任與義務。若有人困於自我泥淖而不能自拔，又該如何成為社會進步的先驅者？若有人酗酒成癮或舉止下流，又如何勸導他人過著內斂自制的生活？

渴望社會發生變革，我們應該先從自我做起。在日常生活中體現正直、誠實，以自己提出的行為準則規範自己。想要影響他人，應該先檢

視自身的言行。這是每個人都可以實踐的道德。當然,每個人都該從懂得自尊開始。

人生的轉折與磨難是我們為應對未來可能發生的種種變故而做好準備的根本動機。這既是文明社會的職責所在,也是宗教的義務。若一個人非出自於誠心盡此義務,而是刻意為了親人而做這些,則是背棄信仰。

世事無常的道理大家都知道,即便健壯得如同鐵骨鋼筋,也難免遇到意外災難或疾病纏身。如果人能夠洞悉生活的複雜性,接受死亡的必然性,那麼就能夠面對人間的世事無常。

我們常常能聽到這樣的悲鳴:「沒有人能夠幫幫我嗎?」這是一種令人感到徬徨無助、絕望的聲音。有時它也演變成一種令人不快、缺乏羞恥心的呼救。特別是當發出這種呼喊的人其實可以透過自我節制、勤勉工作和儉樸的生活來自救時。

事實上,仍然有許多人還未意識到這個重要觀點 —— 智慧、品德、自由與命運,皆源自於個人。透過立法手段幫助他們的效果並不明顯,無法藉此使他們變得節儉、有才能且行為端正。這些人遭遇不幸的原因,可以說與國家制定的法令無關。

奢靡浪費的人常常嘲笑國家制定的法案。而酗酒者則對此感到不屑,他們宣稱自己不需自我約束或制定未來計劃,反而將自身的不幸歸咎於他人。那些自稱擁有「成千上萬」支持者的鼓吹者則扭曲此問題。他們不僅未能勸說民眾養成儉約、節制和自我提升的習慣,反而煽動人們繼續呼喊「難道沒有人能幫助我們嗎?」

這種聲音必定會動搖我們的靈魂。它破壞了人們對個人幸福第一條定律的理解 —— 自我是唯一的救贖者。人的職責在於完善自我,唯有自

第二章　加入富人的行列

己能夠拯救自己。即便是處於社會最底層的個體，也能領悟這個道理。然而，問題在於為何其他人卻難以體悟。

在我們國家中，躋身於收入較高階層的公民日益增多。他們致力於提升自身的道德操守、品味及地位，原本他們以為可以從容做好一切準備。然而，當前的種種誘惑使他們迷失本心，此種行為造成的不幸不僅危及個人，亦影響家庭生活，與其社會角色所帶來的危害同樣嚴重。

在所謂的「繁榮時期」，他們毫不節制地揮霍掉所有積蓄，當經濟不景氣的時刻來臨，他們無疑陷入了最困窘的處境。金錢未能發揮它應該有的作用，反而被大肆浪費。按道理說，身處勞工階層的人應該懂得為未來做些打算，為家庭和晚年生活做些準備。然而，常見的卻是沉溺於放縱、墮落的生活方式。任何人只要稍加留意周圍奢侈的鄰居，便能明白他們的開銷之巨大，而節儉對他們而言像是天方夜譚。人們賺來的大部分收入都流入了菸酒販賣商的囊中，很少有存入銀行或投向慈善機構的。

事實上，所謂的「繁榮時期」通常都是這個階段中最不繁榮的時候。在這個時期，工廠運轉過度，老少皆得到了豐厚薪水，倉庫內沒有積壓的商品，生產出的貨物幾乎全部遠銷海外，川流不息的車輛遍布在街道上，四通八達的鐵路和公路上的火車和貨車載滿貨物；各大港口也頻繁出現運貨船隻，處處呈現出一片繁榮昌盛。但人們是否因此變得更有智慧和修養，又或是更有效地實施節儉計劃、制定出比填飽肚子更高遠的目標，我們不得而知。

縱觀眼下的繁榮景象，我們不難發現，社會各界雖然蓬勃發展，然而物價也隨之水漲船高。人們渴望獲得更優渥的薪水，然而願望一旦實現，所賺取的金錢立刻又被消費殆盡。揮霍無度的習慣一旦養成，此舉

將持續延續。增加的收入並未成為儲蓄，反而大多流向菸酒。

於是，如果一個民族視野狹隘、無法立下遠大目標，又不知道勤儉待世之道，任何物質富饒都難以長期支撐社會的繁榮。如果不能養成節儉的美德，並做出長遠的規劃，人們將陷入「極端匱乏與嗜酗」的惡性循環。經濟一旦蕭條，人們將茫然無措，無法意識到繁榮時期也會有走到盡頭的一天。

在蓬勃發展的時代中，民眾普遍自覺地遵守週末休息的慣例，一位雇主對包工頭抱怨道：「工人們都到哪裡去了？我雇傭的建築工人找不到人。這個專案必須在糟糕的下個季節到來之前完工。」包工頭回答說：「先生，今天是週末，工人們還沒有把手頭的錢花完呢。」

倘若一生只專注於織造衣料、打造五金、創造玩具與瓷器等工藝品；在價格低窪時收購商品，待漲幅最高時再大量出售以獲取豐厚利潤；種植糧食、發展牧畜事業；囤積稀缺商品以謀取差價——一若此便是我們全部的人生意義，或許國家富庶穩定也是種幸事。但是這恐怕並非人生真諦，難道除了強健肉體外，人性中便再無才能、情懷與同理心了嗎？除了滿足口腹與軀殼之需外，我們的心靈難道不再有更深層的嚮往了嗎？光是會消化排泄，怎麼能稱之為有完整的靈魂呢？單單是精力充沛的骨肉之軀，就已經足夠了嗎？難道不需要在道德良知與智力發展上面下功夫嗎？

在一個充滿變化的社會中，金錢並非是衡量社會繁榮的唯一標準。一個人的本性不會因為財富的多寡而有所改變。無論一人揮霍如流或是小心累積，他的本性發展都不會受到過大的阻礙與扭曲，這個規律適用於任何人。薪資的增加可能導致人們更加放縱以滿足日漸膨脹的物質慾望，唯有協調、提升人們的道德情操與生理需求，這種狀態才有可能得

第二章　加入富人的行列

到改善。在繁榮時期，讓一位缺乏良好教育，並長期從事體力勞動的人倍增收入，結果很可能只是狂飲暴食，卻沒有其他發展。因此，即便是為了滿足普通社會成員的物質生活需求，所謂「國家繁榮」的景象也難以持續，如果這個問題的許多不利因素仍然無法引起人們的重視，這種虛幻的社會「繁榮」將會產生可怕的後果。一個人的生命價值唯有從知識與美德之中獲得，這些品德的擴展才是一個民族繁榮昌盛的真正預兆，而非工農業產品與生活品的流通數字能夠全面說明。

節儉之道並非等同於吝嗇與苦行，我們所倡導的生活方式，是希望人們能謀取未來，為人生的坎坷時刻早做打算。每個人在衣食無憂之際，應該慎重儲蓄，以備將來可能遭遇的艱難。人們應積蓄資財，免於日後貧困，就像在旱季時鞏固防洪堤，相信此時的累積終將在晚年時發揮作用，足以維持生計、保護尊嚴、維護個人和社會穩定。節儉是貪婪、吝嗇、自私的對立面，其意義在於獲得獨立人格。節儉可以確保財富由合法管道獲得，並恰當運用，而非恣意揮霍。

第三章　揮霍是貧困的預言

一個有家庭的人,理應承擔責任與風險。

—— 法蘭西斯・培根（Francis Bacon）

無論如何,唯有懂得自我約束的人,才能在生活中獲得幸福。

—— 卡爾・徹爾尼（Carl Czerny）

 第三章　揮霍是貧困的預言

在原始社會中，生存狀況及條件基本一致，人們可以輕易滿足本能慾望。在奴隸制社會中，貧困概念亦還未出現，奴隸主僅須維持奴隸生存即可。唯有在文明自由的社會中，人們在平等環境中公平競爭，貧困與不幸才不會降臨。當國家達到高度文明，創造出無可比擬的財富，窮人的處境自然會迅速改善，亦能避免貧富矛盾。

在現實世界中，人性自私所造成的不幸可謂不勝枚舉。有的人被金錢束縛困於奴役之中，有的則放縱於物慾之海。財富的累積已然成為推動社會發展的強大動力，不論富國或貧國，錢財升值無疑是國家發展的首要目標。學者們努力研究政治經濟學規律，尋求經濟社會發展的普遍規律。「勇攀高峰」的理念廣為人知，商人們竭盡全力追求豐厚利潤，手段不論高下，金錢至上，惡魔般的價值觀逐漸成為人們的精神寄託。

身陷貧困的人們，同樣也在勤勞工作、用餐、飲酒和休息，這就是他們生活的全貌。他們絲毫不期待明日、下週或是來年的生活有何改變。他們只專注於享受當下，完全不顧及未來的準備。突如其來的不幸、苦難、疾病，從未在他們心中激起一絲漣漪，這與原始人的思想沒有太大差異。他們的生活狀況難以改善，卻也不會更加惡化。

船長在北極冰洋中發現了愛斯基摩人，他們的文化狀態與城市中貧困者無異。他們如同野蠻人般生存，從未學會儲存糧食，常常處於飢餓或暴飲暴食的狀態。一旦找到大量鯨脂，他們便會狂歡進食後重返睡眠。他們從不擔心食物短缺，即便長期無法覓得食材或燃料，依然保持平常的歡樂情緒。「儲蓄」此概念在他們的原始心智中從未出現。

在文明社會中，寒冬被喻為節約之源。北歐諸國將它們一部分的繁榮歸因於此。寒冽迫使民眾必須在夏日就備好過冬所需的物資，寒冬亦逼迫人們整修房屋、妥善處理日常事宜。所以日耳曼人比西西里人勤

勉，荷蘭人、比利時人比安道爾人勤快，美國人、加拿大人比墨西哥人勤勞。

　　有位已故的英國國會議員曾致力於幫助倫敦東部貧民窟裡的居民。他所建立的第一項計劃，便是一座雙層式的簡陋教堂，底層設有學校和講臺，也作為人們的集會之所，供孩子們學習和遊戲，能夠遠離酒館。這位國會議員分析道：「這一帶的生活環境極其惡劣，除吃喝外，並沒有其他能激起居民的興趣。他們缺乏信仰和教育，導致無知和骯髒，進而衍生犯罪與瘟疫。他們喪失奮鬥動力，缺乏求知欲，無人可拯救他們於不幸的深淵。」他直言：「布道團的牧師雖然熱忱仁慈，但將大部分的精力用於解決食物問題，無暇顧及其他。每到寒冬，數以千計的人就會面臨飢餓死亡的悲慘境遇。我們富裕的國家卻對此視而不見，未能擔負應盡的責任與義務。現實狀況已經遠遠超出了上一代的想像。」

　　議員先生的言論十分明確地指出，若這些人能接受良好教育，並養成節儉習慣，或許可以避免發生許多不幸的事件。他繼續闡述：「貧窮和疾病皆是人類自己造成的，絕對的貧窮其實並不存在。只要懂得節儉和為未來做準備，人們就不必因為失業或疾病等暫時的困境而陷入水深火熱之中……一名碼頭工人，在身強體壯，且無家室的情況下，應該將一半的薪資存起來，這樣才不會因為暫時的失業而煩惱。」

　　這番話誠懇地倡導節儉的價值觀，作者力求闡述一個社會如何透過個人的節儉精神來克服貧困與疾病的困擾。相信如果這種節儉的理念得以普及，必將帶來社會的積極變革，最終得以提升人們的生活品質。作者認為，想要實現這個目標，需要兩代人的不懈努力，同時還需要法律和社會教育的支持，以及領導者的推動。只有在這些條件都具備的情況下，這個美好的願景才能真正指引人們走上勤儉持家的康莊大道。

第三章　揮霍是貧困的預言

國會議員

議員先生議員先生對比勞工與其他地區地方居民的生活節儉差異，有以下的精彩描述：在英國，勞工拿到薪水後只知揮霍一空，而其他地區窮人的薪資卻經常被延遲發放。那裡的人自力更生，絕不乞求他人施捨，他們的生活儉樸而謹慎。而在地主的勒索下，佃農也養成了勤儉節約的習慣。他們通常只能吃些燻肉和蔬菜，一週也只吃一次葷菜，油膩膩的蔬菜湯是當地農民的主食，這種湯由捲心菜、豌豆和少許食用油熬製而成。雖然生活艱辛，但他們依然努力養活三四頭奶牛、一兩頭豬和少量家禽。他們會把自家產品帶到集市換錢，再用收入投資房地產或股票。

可惜議員先生過世後，他所憎惡的享樂主義仍然盛行，並且有擴散之勢。造成如今局面的並非單單是因為下層階層的揮霍無度，上層階級也無法開脫，他們將金錢浪費在無謂的虛榮和奢華上，實際上，他們放蕩無度的生活背後充滿了罪孽。

倘若勞工們在生活方面亦能表現出如工作般的勤儉節約，他們便能擁有良好的生活狀態與環境。然而可悲的是，他們天生具有揮霍的習

性,即便是收入最高的部分人,也因其大手大腳的支出而處於貧困邊緣。在繁榮時期,他們根本未曾想過艱難時日的到來,因此經濟不景氣時,他們的處境也便隨之每況愈下。

英國經濟學者愛德溫·查德威克(Edwin Chadwick)

因此,一名勤勉的勞工如果不能建立儉樸的良好習慣,他的生活水準充其量只能困於滿足肉體需求,而收入增加也只會助長他消費欲望的膨脹。查德威克先生曾指出:「在棉花減產時期,不少並非貧困的家庭與最窮困者擠在一起領取救濟。實際上,這些家庭的收入竟比助理牧師還高。」

在社會繁榮之際,勞工們欣然歡唱,沉浸於狂歡之中。但經濟一旦陷入低迷,他們立即陷入恐慌之中。正如他們自己所描述的,生活只是一進一出的循環,一旦遭遇裁員,就只能依靠運氣或祈求神明眷顧——除非神明也支持他們奢靡的生活方式。

繁榮之後的沉寂是經濟發展的永恆定律。經濟急速增加後必定有隱患,產能過剩、失業、貧困將會蜂擁而至。不思節儉、妄加揮霍的人,轉眼就因為毫無防備而陷入了匱乏的境地。浪費或許是人性最糟糕的缺

第三章　揮霍是貧困的預言

陷之一，有報告明確指出：工廠周遭的居民沒有絲毫積蓄。甚至有些才失業兩週的勞工，已經因為無力購買食物而陷入飢餓，這樣的情況雖然沒有嚴重到需要罷工的地步，但勞工們們無疑陷入了困頓的深淵。他們當掉了簡陋的家具、鐘錶等，眾多窘困的家庭正在等待慈善機構的救濟。

人性的無知與懈怠讓群眾陷入荒淫無度的行為模式，成為社會眾多悲劇的根源。雖然的確存在個別特例，但這種集體性的浪費行為，就是導致人們沉淪的主要原因。然而，貧窮並非等同於悲慘的命運，不幸的根源是道德的淪喪，而這往往來自個人的揮霍。

有人對從事高收入的勞工做出如下評論：「他們的性格可以用『莽撞』一詞來形容，無論年輕還是年長，已婚或單身，他們都毫不羞愧地揮霍金錢，這種行為毫無美德可言。他們若非為需要補償因為懶散或狂歡而浪費的時間，否則很少勤奮工作。他們熱衷於舉辦各種慶祝宴會，恨不得花光積蓄。有時候他們虔誠得令人驚訝，在不幸降臨時也會尋求上天庇佑，但是他們的信仰經常使他們陷入了因果報應的宿命論中。他們艱難地活著，也知道豐年之後總是饑荒，但是一有錢便狂歡作樂，甚至酗酒到無法正常上班，等到下次領薪水時，才會打掃整理家裡。他們的孩子們輟學，全家人擠在狹窄簡陋的小屋子中生活，雖然薪資高，但是住房條件卻極其惡劣，任何的法律條款都無法幫助他們。」

政府毫不吝惜地推行各項針對性的「改革」政策，人民得以投票決定家庭事務的分工，與勞工階層相關的糧食、肉、咖啡、糖等必需品的稅率也有所下降，部分原本應該由救助對象承擔的稅賦也轉嫁至中上階層的納稅範圍。相關政策已陸續實施，目前來看，勞工階層的生活狀況尚未出現明顯改善。

約翰・羅素（John Russell）伯爵

　　著名政治家約翰・羅素曾針對減免稅收的問題與勞工團體交涉。他表示，勞工們經常抱怨政府的稅率過高，卻沒有仔細他們的負擔。他指出，如果向勞工們徵收與他們每年花在菸酒上相同比例的開支稅款，恐怕會引起強烈不滿，他認為勞工們應該從自身找到問題的根源，而不是總向政府訴苦。這段言論反映了政府與勞工階層之間的矛盾。

　　批評法律的不公正和抱怨稅率過高都是徒然的。許多人被誘導走上荊棘之路，令人驚訝的是，他們大多是自願踏上這條路的。除了浪費時光、揮霍金錢、自我沉淪，他們什麼也沒有得到。而譴責別人比自責對自尊的傷害要小得多。顯而易見，那些生活毫無秩序、行事缺乏條理的人，根本沒有替他人著想的習慣——他們急於消費所有收入，對未來毫無打算，這也為日後的生活埋下隱患。及時行樂的生活方式使未來充滿危機，一個故步自封於「今朝有酒今朝醉」的人，還有什麼可指望的呢？

　　這些擔憂並非毫無根據。但我們仍有改變現狀的希望。如果勞工階層中的高收入群體能夠及時採取行動，問題便可迎刃而解。隨著教育事業的不斷進步，人們將學會如何更理性地使用金錢，避免養成浪費的壞習慣。人們對節儉方法的了解越深，對改善生活的幫助也就越大。他們

第三章　揮霍是貧困的預言

將對這種文明、節制、理性的生活感到滿意。

　　社會漫步於發展的道路上，步履緩慢卻堅定不移。人類文明的發展雖然看起來從容，卻蘊藏著深刻的變革。普及教育旨在提升公眾素質，它的影響微妙而持久，需要經歷時光的沉澱才能到效果。而個人在文明演進中的貢獻，或許在當下並不明顯，卻為未來奠定了基石。許多國家都曾在戰爭中經歷痛苦，宗教遭到迫害，政治更經歷了內戰的磨礪，但是最終仍然收穫了發展與自由。歷史的長河見證了人性的轉變，這些翻天覆地的變遷無不昭示著進步的意義。可見，擺脫懶惰、揮霍等惡習的統治，並非不可能的任務。

第四章　做金錢的主人

孜孜不倦、適度節制乃成就自我之道。才能享受自己用心血創造的泉源、品嘗自己勞力耕耘換來的麵包。以學習與工作充實自己，以認真專注的態度面對人生。

—— 培根

即使你毫不在意慈悲的愛與勤勉的勞動，它們依舊是你的生命良藥，對你的身心發展至關重要，懶散的惡習將遠離你。

—— 威廉‧佩恩（William Penn）

第四章　做金錢的主人

某些人經常抱怨事情「不合常理」，但事實上，他們很可能並不了解勞工階層中，有許多人的薪資遠遠超過專業人士的收入。

在瑞士伯恩地區，收入水平相近的勞工大多需要將薪資用於維持基本生活。和其他地區的狀況類似，在此環境下，由具備工作能力的年輕人——工廠工人——來贍養自己的父母是一種普遍的做法。而另一位記者則發現：「隨著收入的增加，人們手頭剩餘的錢變多了，消費習慣也隨之增加，而儉樸的生活方式正在減弱。」

整合一個家庭的全部收益，會發現其總收入遠超過專業階層的平均收入水平，倘若工人們能夠自我約束，或許可以獲得更多財富。

「一份報紙曾披露，一位礦業大亨的年利潤足以支撐一名陸軍上尉的年薪；而一名在礦場工作的童工所得，則相當於一名女王近衛軍中尉的收入。這些悲慘事實皆屬實。」埃科勳爵如是說，「我也認識一名男孩，他是近衛軍的護旗官。不久前，他榮幸地加入了女王的親衛隊。然而，他的薪資尚不及現今諸位所得。」

市民未能感受到所謂繁榮時期帶來的巨大利益。物價不斷攀升，道德淪喪，就業處境越來越惡劣。國內經濟日益受制於外力影響，國內商業活力正遭受外來衝擊，資金日漸外流，對此廠家和勞工都應該負起責任。

在短暫的經濟「繁榮」時期，工廠老闆們無疑感受頗深。一家大型工廠的廠主發表了自身的感慨：「經濟的『繁榮』令人們手忙腳亂，毫無準備，突如其來的高薪酬迷惑了他們的頭腦，滋生事端的暴力事件此起彼伏。」

一位廠主表示，除個別情況外，大多數勞工家庭的消費狀況堪憂，他們幾乎將全部薪資用盡。另一位廠主指出，雖然仍有少部分人能夠節儉，但通常勞工在領到薪資後的一週內就會花光。

有人對勞工的生活現狀作出如下評論:「我不得不痛心地指出,在多處地區都發現了類似的窘境。放縱和揮霍主導了人民的生活。即便薪資豐厚,也被揮霍在放縱上。他們對未來視而不見,居住環境就像難民營般糟糕。」

一位工廠廠主經常抱怨:「我不會去買羊肉、鮭魚、嫩鴨,或者饞人的豌豆布丁、剛剛上市的馬鈴薯、草莓之類的東西。我只能等到它們上市一個多月以後,才敢買它們。」

自我放縱的人往往難以讓人信任。他們鄙視著所謂的「下層」群體,卻沉溺於奢靡的生活方式,也不見得有多高尚。當這種放縱行為超越了道德底線,它就比罪惡本身更令人不齒。這就好比一位缺乏責任心的父親,將無助的子女拉入悽苦的人生,使他們飽受飢寒之苦,遭受冷酷對待。這不僅對當事人毫無好處,還會對後代造成不良影響,家庭的不幸延續不斷。一旦父親生病或失業,沒有規劃未來的家庭便無法應對,甚至不知道如何尋求幫助。這樣一來,本來應該支撐家庭的人一倒下,家人便面臨飢寒交迫、流落街頭的命運。如果真的造成這樣的後果,那些無助的生命只能四處乞討,苟延殘喘。

任何企圖向他們解釋如何能夠擺脫困境的言論都將付諸東流,他們已陷入了深深的不良習慣之中,並且對如何獲得自身的幸福毫無興趣。那些懂得節儉生活的人應該嚴肅地告誡他們:要想成為一個有自尊的人,必須拋棄有害的生活方式,遵循節儉、勤勉和自我約束的原則,追求自食其力的人生,以此贏得社會的尊重、生活的安定和家人的關愛,最終獲得與他人平等的社會地位和福祉。

曾有人有如是感慨:「技藝精湛的手工匠或許可以成為世上最樂在其中的人。」此言不虛,憑藉精湛的手藝和勤勉自立、智慧品格,不僅吃

第四章　做金錢的主人

好穿好，還能悉心教養子女，引起他人羨豔。適度節儉即可安康美滿，過著充實愉悅的生活。

回憶起過去的工匠生活，休·米勒（Hugh Miller）頗有感慨。他認為，人們往往歪曲和誇大了勞工階級的貧困生活。以他自己的經歷來看，作為一名石匠，他從未感到生活貧困過。他的祖父、叔叔以及師傅們也都有同感。米勒承認，確實存在一些技藝高超的工匠陷入了貧困的情況，但更多情況是，生活困難的勞工都是因為在學徒期間未能好好學習，浪費了寶貴的時光，最終影響了後來的生活。這正應驗了「少小不努力，老大徒傷悲」的古訓。整體而言，米勒認為將勞工階級的生活狀況誇大描述是不可取的。

休·米勒

不可否認，社會現狀也引起了一些讓人關心的問題，一些享有豐厚薪資的勞工僅為滿足原始感官需求而揮霍大量金錢。許多人將三分之一甚至一半的收入花費在享樂上，有四分之一的收入竟從未想過要與家人分享，對於受過良好教育的人而言，如此縱容的生活方式可謂難以接受。

舉行首次勞工研究會時，人們的生活情景

　　探究造成工人們生活低迷的根源是一個艱難的任務。這或許源自一些原始階段的惡俗，其中蘊含著複雜的歷史因素。遠古時期，野蠻人崇尚暴飲暴食，直到耗竭資源後才會去捕獵或爭戰維生。也有可能是奴隸制度造就了這樣的惡果，奴隸制是早期人類的社會模式之一，其中只存在著主奴關係。這個制度歷史悠久，在古羅馬和古希臘時期，自由人才能戰鬥，而奴隸如同牲畜般完成苦力勞作。家庭中也存在著類似的情況，妻子猶如丈夫的奴隸，與市場上那些任人宰割的奴隸沒有差別。

　　奴隸制度有著很長的歷史。凱撒登陸之時它就在，進入盎格魯－撒克遜英格蘭時代依然存在，當時的家庭勞役就是由奴隸所承擔的。撒克遜人無疑是最臭名昭彰的奴隸賣家，而愛爾蘭人是最大的客戶。布里斯托則是最著名的奴隸交易市場，愛爾蘭人在那裡向撒克遜人採購大量奴隸，據當代愛爾蘭史學家所言，幾乎每一個愛爾蘭家庭都會雇用英國籍奴隸來做工。

　　在女王伊麗莎白（Elizabeth I）的統治期間，英格蘭島上最後的農奴也獲得了人身自由。然而，蘇格蘭島上的農奴的境遇卻並不是如此，直至

第四章　做金錢的主人

喬治三世（George III）登基後，他們才得以解放。在獲得自由之前，礦工和鹽工就如同土地的一部分，隨同土地一同被買賣，他們無權決定自己的薪資報酬，正如美國南方各州的奴隸生活，他們所獲的食物僅僅足以支撐他們拿起鋤頭工作的力量。

古羅馬統帥，政治家凱薩

曾經沉淪為奴隸的人們，無法擺脫經年累月的被動生活方式。他們專注於生存，未曾培養儲蓄的習慣。即便立法賦予他們自由，但是卻難以一朝清除深植於心中的奴性。揮霍的惡習，有部分是是奴隸制度在當代社會政治遺留下的蹤跡。

現今社會已經與往日的截然不同，不論從事何種職業，人們都擁有人身自由。

今日的勞工階層享有比過去任何時期都還要更多的公民權利。他們的權利獲得了社會認可，並受到法律保護，以平等的公民地位被對待，保護勞工利益的工會等機構遍布各地，他們也被視為是知識分子圈中的一員；許多偉大的思想家、藝術家、建築師、哲學家和詩人都出身於勞工階層，知識文明的薪火相傳並無貴賤之分。豐富的學識賦予個人更高的社會地位，文明的累積推動了社會的不斷進步。當然，對現實狀況的

不滿情緒仍然存在，正是這種尋求更高目標的心態，才能促進社會的發展。一個人必須不滿足於現有的社會地位，才能全力以赴改變現狀。有時，滿足意味著故步自封。

亨利四世（Henry IV）

只有在體認到現階段存在的種種不足時，我們才能懷抱對未來的憧憬，進而有意識地規劃人生方向，並付諸全力努力與行動。

勞工階層往往缺乏對自身能力的正確認知。即便他們的勞動所得超越了專業人士的薪酬，大部分人並未認真思考如何改善當前的生存困境，而是把多數心力浪費在享樂之中。他們似乎格外執著於自己及其階層是否受到尊重的問題，他們崇信這樣的理念：貶低勞動的價值是可惡的，勞動是最為光榮的事業！只有最為惰懶之人才是無可救藥的。

有教授認為，如果勞工能夠將自己的工作與內心最高尚的智慧連繫，無論其工作多麼微不足道，他們就能為自己未來的幸福生活奠定堅實的基礎，並提升自己的生活品質。然而，由於勞工群體過去曾受過挫折，有能力提供援助的人卻一直視而不見，這導致了勞工群體長期被貶低和視為墮落生活的象徵。

第四章　做金錢的主人

在收入問題上，前文已提及。具有熟練技能的工人平均收入高於助理牧師薪資水平。

事實上，若該等技藝嫻熟的勞工有此意願，他們亦可享受受過良好教育者所擁有的利益，譬如獲得更高的社會地位。但是，究竟是什麼因素阻礙了他們的前進？歸結而言，勞工們未能將寶貴的精力投注於提升自身的修養。他們並非缺乏金錢，而是缺乏個人文化涵養。他們深知一個人的社會地位並非完全取決於收入，而是個人學養與品德。勞工群體已錯失了許多提升群體形象的良機，他們只知道享受眼前之樂，揮霍金錢在低階嗜好上，卻未曾對激發自身最可貴的品性產生興趣——這些優良品德本來應該在他們應得的社會權益中得到彰顯。

儘管勞工們擁有豐厚的薪資，卻未能妥善運用。從種種跡象來看，他們仍然深陷於既有群體的語言、行為與著裝模式之中。儘管他們的技藝早已登峰造極，但心性卻沒有與之相符的提升。雖然財富來自於自身的巧手，然而這些所得並未在他們的生活中發揮正面的影響，反而讓他們淪於道德敗壞。或許他們衣食無憂，卻沉浸於低俗嗜好而無法自拔。隨著時光流逝，他們將收入揮霍一空，毫無積蓄，一旦遭遇經濟不景氣，或是突如其來的重大疾病，他們就只能倚靠工房為家。

面對這些可悲的事實，人們提出了多種解決方案。有人認為應該為他們提供優質的教育，另外有些人則主張應該以道德和宗教的力量予以幫助，也有些人認為良好的住房條件更是關鍵。毋庸置疑，上述措施皆能產生正向的作用。然而，阻礙這些方案發揮作用的最大障礙在於——無知。在勞工階層提升品性之前，無知一直盤據於他們心中，並蔓延至其他人。因此，在採取上述措施改善他們的處境之前，應該先灌輸節儉的想法和為未來打算的遠見。

「知識即力量」是我們公認的真理。然而，也有不少人認為無知也是力量。事實上，這個世界上，無知的力量所造成的影響，遠遠超越有知識的。

無知是人性的缺點，催生了世間的諸般衝突紛擾。為了維持秩序，各國不得不設立監獄、收容所，借助警察以維持秩序。國家所有的物質財富由這種無知的勢力所創造，並按照這個勢力的需求，為它們所用。因而我們不得不屈服於這種勢力之下，承認無知的力量。

愚昧的力量的確雄厚。知識受制於諸多因素所以僅為少數人所擁有的。因此，我們應該致力於擴大知識的傳播，令更多人學會思考、獲得教育，因而豐富智慧。只有如此，在與無知的鬥爭中，知識才能占據主導地位。然而，這個時刻卻尚未到來。

如果去審視犯罪檔案可以發現，智力超群者犯罪所造成的危害往往不言而喻。一旦智識卓越之人墮落犯罪，就會有一百個無知的人牽連在其中。相反地，若從享樂揮霍等行為的統計數字觀察，無知之徒占絕大多數。貧困人口中，此類人所占的比例也是最顯著的。

讓世人最為憂心的，無疑是因為無知而引發的社會弊端和疾病。為了緩解這種不利影響，人們紛紛組織各種團體，投入大量心力和財力研究解決之道。然而，無知的力量竟比人們所知道的更為強大，以眼下的形勢看來，要與它抗爭是幾乎毫無勝算的，人們所付出的努力實在太過微不足道。於是，人們陷入絕望中艱難掙扎，最終不是放棄了目標，就是在罪惡的力量面前選擇退縮。

就無知者的喜好與接受能力而言，錯誤言論的影響遠遠勝過正確言論。這種論調與他們愚昧、偏激與空虛的特性相吻合，並主導著他們的思考模式。正確的言論對他們而言毫無作用，如同外語般毫無吸引力。

第四章　做金錢的主人

那些學識淵博人士的正確思想往往被他們所誤解，常常被視為是無關緊要的，只有少數人能夠領會其中的深意。

飲食專家們或許會組織健康飲食講座，衛生部門也可能每年編寫衛生手冊並廣泛散發。然而，多數人卻對此視而不見，少數人才會關注。人們普遍漠視健康衛生問題。在流感高發期，我們常能發現諸如缺乏排汙系統的骯髒街區、噪音汙染源、傳染病高發區、惡臭環境、垃圾遍地、缺水缺氧的人口密集區等諸多病源。這些令人怵目驚心的景象直接導致家庭破碎，無數寡母孤兒無依無靠，只能靠救濟勉強維生。這些悲慘的現實彰顯了無知的可怕代價。

文化知識的廣泛傳播無疑是遏制不良影響的有效策略，正如陽光普照大地，驅散寒冬黑暗，讓夜間伺機作祟的貓頭鷹、蝙蝠等生靈無所遁形。教育的普及賦予人民智慧，使每個人都趨於明智理性，從而降低犯罪率，抑制揮霍和漠視法律的行為，讓一切不良因素在與文明的博弈中逐步衰敗。

但是必須明確的一點是，僅賦予人們智慧是遠遠不夠的。聰明的人也可能成為一個高智商的罪犯越是聰明，犯的罪就越惡劣。因此，教育必須兼顧德行和精神雙方面的引導。知識本身並沒有可以撲滅邪惡的力量，廣博學識與高尚操守之間的並沒有必然的連繫。現實世界中，不乏那些博學多才、思維敏捷的人，卻缺乏相匹的德性，他們沉溺於浮華奢靡，淪落墮落。

在社會現實中，貧困階層的道德敗壞的行為並沒有人們所想的那般嚴重。解決問題的關鍵在於道德價值對人們的影響力。即便個人收入豐裕，幸福感並不會相應地提升，因為財富並非決定幸福的唯一因素；事實上，收入的增加有時反而會導致生活的不幸，較高的收入可能意味著

更頻繁地出入享樂場所,這將直接導致暴力犯罪增加。

縱觀當前的社會經濟形勢,雖然依舊不景氣,但是全國發放的薪資總額也是相當可觀的,若能合理規劃,或許可以緩解普通勞工的窘困生活。然而,鑑於貧困群體的能力有限,需要上層人士伸出援手,以非單純施捨的方式傳授謀生技能,幫助他們自主增加收益,共創雙贏。重要的是,富人應以開放、包容的心態,激發貧困人士的內在潛力,而並不是簡單地指責他們的不良嗜好。只有以此平等、互利的方式,才能達成社會的公平正義。

從長遠的角度來看,貧窮人群要想生存下去,必須注意兩個關鍵問題,這也是我們每個人都應該關注的。一方面是如何增加收入,另一方面則是如何合理地消費。

儘管眼前的困境猶如重重迷霧,但是我們不應該放棄希望。透過持續不懈的教育,終能引導人們轉變道德觀和生活態度,讓他們變得實事求是、謹慎且品德高尚。在這些美好品質的薰陶下,人們將更加理性地管理自己的收入,保持節儉的生活方式,並為後代的成長著想,恪盡為人父母的職責。正如一位德國作家所言,教育是賦予兒童最寶貴的財富,猶如父母為子女存款一般。當孩子長大後,他們將在知識和金錢之間做出抉擇,無論選擇哪一種,父母都不應該苛求。可見,教育所創造的價值不亞於金錢,關鍵在於如何明智地運用。透過受教育所獲得的知識,不僅可以提升人們的思考能力,還可增強其獲取收入的能力。

學習知識無疑是一件值得珍惜的事情。即便僅僅是從增強物質利益的角度出發,投入時間精力去學習也是必要的,更應該鼓勵追求提升品德修養方面的知識。

著名思想家曾指出,如果科學真理僅僅被少數受過良好教育的菁英

第四章　做金錢的主人

所掌握,那麼它們便無法為人類社會的和平與安寧作出任何貢獻,這樣的菁英階層也不會成為社會的福音。相較之下,世俗知識和神學知識代表著人類文明發展的兩種迥然不同的生命特質。在滋養社會風尚、驅逐邪惡勢力之際,我們不僅能感知到它們在社會結構中的影響力,也會在細枝末節中體悟到它們的蹤影。我們有必要以知識作為淨化道德空氣的清新劑,讓它造福於世。無知就像在人間瀰漫的毒霧,而知識便是驅散此毒霧的清涼微風。一個國家或許能渡過瘟疫、擊退饑荒,卻無力面對愚昧無知所造成的災難。無知這個魔鬼使人間化為地獄,讓邪惡勢力橫行、紛亂事件頻生。它無視人間法則,將人類美好的家園化為野獸狂野的原野。因此,知識肩負著重要使命,既要懲治罪犯,也要預防犯罪。正如它教導人們服從法律的同時,也讓人們認識了法律。因此,國家普及教育便是播種知識的行為,旨在培養人民的謙遜審慎與科學人生態度,使之成為文明守法的公民。

我們可以對此有所期待。隨著為勞工服務的教育體系的建立和不斷完善,一股清新的道德意識將在他們中間形成。每個人都將嚴謹自律,按照勤儉持家的標準為未來生活做好準備。這些改變無疑將為人類文明的發展帶來正面的推動作用。

威廉出身於工人階級。他曾指出,要想改變自身處境,擺脫原本不如意的生存環境,必須設法增加收入,並比他人更勤樸節儉。每一筆支出都應該為自己和家人謀取實際的利益。首先要存積少量資金,作為自立之路的起點。令人欣慰的是,不少出身貧寒、地位微末的工人,正以勤勉的工作態度和儉樸的生活方式,走向真正的獨立,堪比勤勉的商人,值得尊重和倡導。但前提是,總消費額度必須控制在收入範圍內,哪怕有意外支出,也應該設法彌補,避免不必要的浪費,將資金用於履

行責任或行善。這需要長期不懈的努力，按儉樸的生活嚴格要求自己，不要只顧眼前利益，眼光要遠大。對於長期從事艱辛體力勞動的勞工而言，可能難以理解這樣做的意義。但正如我所言，如果能夠實現自主自立的生活，其創造的價值，必將遠遠超過自身付出。這對於任何熟練掌握技術的勞工而言，皆可做到。

第四章　做金錢的主人

第五章　財富的榜樣力量

一位品德高尚的個體，必能藉由美好品德的力量，踏上通往成功的大道。

―― 威廉・莎士比亞（William Shakespeare）

不論是家庭還是國家，累積財富的最佳方法便是節儉。

―― 西塞羅

第五章　財富的榜樣力量

　　儲蓄節儉是處理家務的核心所在，其根本宗旨在於合理運用一切家庭資源，化腐朽為神奇，減少不必要開銷。節儉必須經過理性思考和謀劃，而非偶發的行徑。節省的目的並不是單純為了存錢，而是以自覺的態度實現物盡其用。此意味著能以樂觀的心態看待得失，或是為了實現長遠目標而以平和的心境放棄當前利益。

　　伊麗莎白·英奇博爾德（Elizabeth Inchbald）無疑是位卓越作家。儘管她的收入微薄，但是她仍然竭盡所能，將其中一半拿出來救助貧弱的妹妹。每每憶起那段艱難歲月，她不禁感慨萬千：「我於寒風悽悽的長夜中，常常因為無助而泣不成聲。然而，我勸自己：『上帝實在仁慈，我那柔弱的妹妹無需離開房間，每日清晨，燒旺的爐火就會為她帶來溫暖。她的承受能力尚未足夠對抗生活的艱辛。』」顯而易見，英奇博爾德夫人自身生活拮据，但是她仍然堅信幫助貧弱的親人是義不容辭的責任，或許只有愛與善意才能解釋這種行為。人們常常因為自私和揮霍而毀掉自己的前程，卻很少有因為善良和愛心而斷送未來的人。

　　可以制定井然有序計畫的人無疑是出色的時間管理者。若無法合理安排工作進度，時間將遭到無謂浪費。逝去的光陰無法追回，那些被浪費的更是瞬息即逝。若能在處理事務前制定周密細緻的計畫，必定能取得滿意成果。從一定意義上來說，遵守道德和自然法規是一種秩序；尊重自己和他人也是一種秩序；勇於承擔自己的權利和責任更是一種秩序。就連我們所具備的美德也是一種秩序。世界的發展依賴於秩序。在秩序建立起來之前，世界一直被混亂所控制。

　　在日常生活中，節儉不僅是維持有序生活的關鍵要素，更是節約經濟的動力根源。節儉為眾多家庭帶來融洽、幸福與溫馨。

英奇伯爾德夫人

　　無論出身高貴或卑微，每個人皆具有共同的天性，因此他們的追求和需求實際上並無太大差異。雖然處於不同的社會階層，但每個人都有選擇過高尚或卑劣生活的自由，他們或許無法決定自己的富裕或貧困，但是仍有機會成為善良、有價值的人，又或是墮落成為惡劣、無用的人。

　　對於上流社會的貴族而言，他們常常不情願地體驗著平民百姓生活的貧困。因為他們揮霍無度、奢靡浪費。然而，為了維護虛偽的社會地位，他們不得不耗費大量資金，購置最奢華時尚的服飾，但是他們承擔了把孩子教育成一個紳士的義務，以便於在他們長大之後能夠找到一份較為體面的工作。

　　相較於收入多寡，能夠恰當支配收入的人，可說是平凡生活中的英雄人物。

　　從這個角度來看，擁有優良的感受、高尚品格和健康精神文化的人，大多存在於頂尖的經濟學家之中。

　　在我的人生歷程中，親身經歷了節儉對生活的影響。母親生有 11 個

第五章　財富的榜樣力量

子女，然而，遺憾的是她很早就失去了丈夫。父親去世時，家中最小的孩子才出生3週。由於父親作為擔保人而欠下了大筆債務——儘管現在已經償清，但是母親依然勇敢地面對生活的艱辛，以堅韌頑強的毅力克服重重困難。母親的收入遠低於普通勞工，卻仍然設法讓我們接受良好的教育，培養我們優良的生活習慣。憑藉母親的努力，我們都走上了成功的道路。就算有人未能獲得更高的榮譽，母親也無須負責。

　　著名的歷史學家大衛·休謨（David Hume）出身於富裕家庭，身為長子，他所繼承的財產卻並不豐厚。父親早逝，他由母親獨自撫養長大。23歲時，他前往法國深造，在那裡度過了充實的學習時光。他在自傳中回憶說：「在法國，我制定出了終生追求的目標，透過努力不懈，終於實現了這個夢想。為了彌補財力上的不足，我決定過著節儉的生活。我專注於提升文學修養，遠離其他一切目標。」休謨首部作品出人意料地慘遭失敗，但是他並未氣餒，繼續寫作，不久就出版了另一部鉅作，獲得了空前的成功。但是他並沒有因此而得到大量的金錢。不久後，他擔任了駐維也納和都靈軍事代表處的秘書一職。36歲時，休謨自認為已經算一個富有的人了，他曾親口說了這樣一句話：「由於我養成了節儉的習慣，從而存了一大筆錢財，這樣我就真正實現了自立。」休謨的好友亞當·史密斯（Adam Smith）如是評論他：「即使在最貧困的時期，他也會適時施以仁慈，慷慨地幫助他人，他的節儉並非出於貪婪，而是出於對自我的熱愛。」

　　許多人為了尋求改善生活品質、提升社會地位的機會，往往不得不「放棄享樂，勞碌終日」。他們為了追求最終目標，平日勤儉節約，憑藉體力勞作換來的微薄收入維生，憧憬有朝一日能從事高級的腦力工作。有人指出這種情況並不公平：無論底層者如何打拚奮鬥，社會地位都難

以提升,「鞋匠終生只是鞋匠」,這便是社會的罪惡所在。唯有在一個更為人性化且完善的社會保障制度中,能力的發揮才能真正成為征服世界的手段,人類文明的前進才能持久不衰。

歷史學家休謨

歌德曾言:「若能懂得如何更好地適應社會,那麼對一個誠實正直的人來說,無論身處何種環境,生活都不會因此而有所不同。」他認為具備誠信、追求卓越品質的人,必將為自己鋪就成功之路,並且在任何社會環境中都能採取合理解決的方式。「政府怎麼做才配『最佳政府』這個稱號?」他自問自答道:「最佳政府就是懂得如何讓人民自由生活的政府。」他認為人們最根本的需求就是個人的自由與自省。他補充道:「每個人應該專注於己任,遠離充滿混亂和未知的世界。」

總之,個人力量的匯聚推動了客觀世界的蛻變與發展,一步步引領社會向前邁進,開拓未知疆域。正是個人智慧與堅定的意志力的凝聚,創造了人類在藝術、科學等領域的嶄新成就。

非凡的人更易於自我約束,而平庸的群眾則難以做到。自私是人的本性,隨時防範自己吃虧,擔心好處被他人奪去;相反地,那些能淨化

第五章　財富的榜樣力量

自我靈性，又能推動世界前進的人，則僅存在那些擁有崇高、堅毅品質的少數人中。他們的言行足以鼓舞他人，振奮人心，使之勇於前進。

亞蓋爾公爵（Duke of Argyll）在向煤礦工人發表演講時，舉出了多個煤礦出身人士成功的例子。首先，他提到了來自斯塔福的麥克唐納先生。亞蓋爾公爵說，他首次與麥克唐納相見是在下議院的門廳，有人告知他有一名煤礦工人想見他。亞蓋爾公爵走過去，麥克唐納遞給他一份當地的請願書，希望他能提交至下議院。他們開始交談，艾爾柯勛爵對麥克唐納展現的智慧和說服力感到驚訝。從交談中，他得知麥克唐納在童年時期就在一家煤礦當童工，青年時冬季在格拉斯哥大學上學，夏季則拚命工作賺取學費和生活費。就在這期間，他不僅掌握了大量書本知識，還學會了寫作。亞蓋爾公爵認為，蘇格蘭的煤礦工人應為此感到自豪。

赫格博士曾是英格蘭某礦場的勞工，每日上午勞作，下午赴校就讀。其後接受長達四年的大學教育，並又於一家神學院學習五年。然而，由於健康因素，最終離開英格蘭，去埃及從事傳教工作。

達勒姆郡的艾略特先生，其成就無疑足以說明勤勉的力量。他自礦工起步，透過持續不懈的努力，最終成長為管理數千雇員的要員。從小事做起，他逐步累積了豐厚的財富，並贏得了崇高的地位。事實上，只要我們能培養勤勉節儉的良好品質，每個人都有成功的潛力。

亞蓋爾公爵也提到了地理學家哈頓博士的案例。哈頓博士出身礦工之家，卻具有卓越的天賦。同樣地，著名的木刻家維克也出身於礦工家庭。此外，開拓者坎貝爾博士在南非波札那艱辛從事傳教工作，他的父親曾是礦工。詩人艾倫·拉姆薩的父親亦為礦工。

喬治·史蒂文生（George Stephenson），一個出身於礦工家庭的人，

最終成為受人尊敬的工程師。他一直努力不懈，一旦有了餘錢就用於學習知識。當週薪增加了 12 先令時，他興奮地宣稱自己「在生活上已有所成就」。儘管收入並不豐厚，但他仍維持生計，同時照顧貧困的父母，並為自己存下學費。他的技藝日益精湛，當他的週薪達到 1 英鎊時，他便開始像那些智慧遠見者般存錢。累積到相當於一塊金幣價值的存款時，他自豪地向同事宣稱自己「已經算是富人了」。

他的論點確實頗有道理。對任何個體而言，只要基本生活所需得到滿足，還有可觀積蓄，即可遠離貧困，享有舒適安逸的生活。毫無疑問，自史蒂芬森積下一枚金幣起，他便無需追憶過去的生活時光了。史蒂芬森乃不懈奮進之人，他深知節儉的重要，因此他的未來發展勢必會像旭日東升般充滿希望與光輝。曾有一位閱歷豐富之人表示，他從未在工人群中遇過這種例子：一個收入微薄者竟能累積至 1 英鎊，最終卻不得不仰賴他人施捨度日。

喬治・史蒂文生

倫敦工人史蒂文生有著想要製造首部火車頭的宏大計畫，卻礙於資金有限而備受阻礙。然而，憑藉他工作勤勉的美譽與品德，史蒂文生得

第五章　財富的榜樣力量

以贏得眾人的信任。當拉文斯沃斯伯爵得知他的心願，立即伸出援手提供充足資助，使他的夢想成真。

詹姆士·瓦特（James Watt）在研製壓縮蒸汽機的過程中，由於資金的嚴重缺乏，不得不依靠為他人製造零件和銷售教學器具來維持生計。然而，他並未因此而放棄自己的科學研究事業，相反地，他在此期間不斷充實和完善自己的文化知識，認真學習法語、德語、數學和自然哲學等，並持續了數年。待他最終發明出蒸汽機，並與馬修·布林頓合作時，已經成為一位博學多才、精通科學的人才。在這期間，他也曾製造過長笛、風琴和圓規等謀生工具，表現出多方面的才能和適應能力。

對於這些傑出人物而言，靠雙手謀生並非令人羞愧的事。他們發現自己在從事體力勞動的同時，亦具備從事智力工作的能力。他們一方面依靠雙手的勤勞維持生計，另一方面利用餘暇從事發明和研究事業。大量案例證明，這種做法為世界帶來了巨大裨益。休·米勒的生活就是一個典型例子，在生活中，他熱情地向人推薦這種切實可行的做法。當米勒開始創作詩歌，並意識到自己作為一名作家的才華日益增加時，他仍然專注於採石的工作，並且更加勤勉地對待這份工作。

在論及卡羅琳王后對有才華的年輕人的庇護措施時，霍勒斯·沃波爾（Horace Walpole）認為這反而阻礙了他們成為真正詩人的道路。他指出，對於一個出身低微但有文學天賦的工人而言，沒有什麼比自負以及誤以為自己是傑出詩人的錯誤更致命。這些人常常認為，雖然體力勞動維持了基本生活，但是貶低了他們的價值。最終，即使才華出眾，他們也難以維生，不得不淪落為乞丐，卻因為自負而感到羞愧。沃波爾把這些人當作警示，下定決心要避免同樣的錯誤，保持誠實本性，不自高自大，學會自食其力。

瓦特

　　相反地，對於掌握穩定職業的人而言，他們能透過不懈學習和勞動來激發內在潛能，矯正自我，並將旺盛的精力投注於知識文化的吸收與提升，此種作為值得稱讚。藉助認真負責、勤儉節約、勤於閱讀以及勤勉工作等卓越品德，這類人必定能使自己取得更大的進步。

　　在我童年時期，我有幸結識了三位從事農用器具生產的工人。他們日復一日與木材和金屬打交道，用雙手製造二輪馬車、鐵犁、鐵耙以及其他各種工具。有一天，他們突然萌發了新的念頭：他們認為或許能夠找到比製造馬車和耙具更合適的職業，他們並非因為厭惡體力勞動，恰恰相反，他們希望透過努力，能夠在未來實現更好的生活。儘管當時的週薪還低於 18 至 20 先令，但是他們依舊充滿了無限的憧憬和理想。

　　在這三人中，有兩位從事相同工作的青年，在夏季總會努力積蓄更多資金，以便能在冬季負擔上大學的費用。每學期結束後，他們都會回到此地，繼續從事體力勞動工作，待累積足夠的金錢後，便會再次返回校園學習。而第三人則與前兩人有所不同。他參加了一個剛在他所居住的城鎮成立的機械協會，透過參與講座及在圖書館自主研讀，他獲得了大量有關化學機械原理和自然哲學的知識。他全心全意地學習這些領

第五章　財富的榜樣力量

域，並利用夜間時光持續研究，最終，他成為了一位知識淵博的人。

這三人的人生履歷無需再作進一步描述，然而，他們最終所取得的成就卻值得關注。其中一人已晉升為某大型公立學校的校長暨教師，而另一人則成為政府內閣大臣。第三人則不畏艱辛，勇敢開創自己的生活道路，最終榮升為全球最大航運公司的總工程師兼總經理。

機械學會是一個破舊、傳統的機構，但在勞工群體中卻享有一定的支持和讚譽。然而，與酒館這類娛樂場所相比，它的吸引力和受歡迎程度還有待提高。儘管機械學會在約克郡鮮為人知，但是它們確實為社會作出了重要貢獻。它們向那些渴望學習、能夠運用知識創造財富的人傳授實用的機械學知識，幫助他們獲得更高的社會地位。曾有一位知名人士公開承認，正是機械協會提供的學習機會，讓他得以從一名酒店店主蛻變為著名工程師，事業騰飛。可以說，機械學會為社會培養了一批優秀人才，發揮了不可磨滅的作用。

前面已經列舉了許多充滿智慧的事例，一些依靠微薄薪資工作維生的人，後來竟能憑藉自己的才能和機遇，逐步躋身更高的位置。譬如威廉・赫雪爾（William Herschel），一方面以製作音樂的方式維生，另一方面卻潛心於天文學的探索。當他在一間藥水調製室裡擔任雙簧管演奏的角色時，每當顧客休息時，他便會悄悄出去觀察星空，待客人需要時，便再次回到室內彈奏。正是在這期間，他發現了天王星，並最終獲得皇家學會的承認，一夜成名。這些例子展現了人靠自己的才能和努力就能擺脫窘境，晉升至更高的地位。

富蘭克林先生早年曾長期從事印刷事業。他勤勉工作，生活簡樸節儉，珍惜光陰。他不僅為謀生而努力，更是為塑造自我而奮鬥。直至他贏得眾人的信賴，成功最終降臨。後來他成為了一位偉大的政治家，同

時也被公認為是最偉大的科學家之一。

在弗格森的天文成就獲得認可之前，他一直從事繪畫工作以維生。約翰‧多倫德（John Dollond）在斯皮特爾菲爾茲期間一直是一名紡織工人，他的研究改進了折射望遠鏡，無色望遠鏡的發明成為他躋身傑出人物行列的資本。然而，在他大部分的職業生涯中，一直堅持兼職從事研究工作，直到 46 歲才完全投身於望遠鏡的研製事業，結束了他的紡織生涯。

雖然維克爾曼出身於一個鞋匠之家，但是這絲毫未阻礙他成為古代傑出藝術品和純藝術研究領域的傑出作家。他的父親殫精竭慮，確保兒子接受良好教育。由於過度勞累，父親日漸虛弱，最終住院治療，身為孩子的維克爾曼習慣與其父親在街頭賣唱，以此維持上語法學校的學費。此時，年輕的維克爾曼肩負起照料父親的責任，透過艱辛勞作維持臥病的父親的生活。後來，他得到了一份教書的工作，得以進入大學深造。人們都清楚，維克爾曼如何克服重重困境取得成就。

小說家塞繆爾‧理查森（Samuel Richardson）勤勉地創作，以書籍販售維持生計。房子內部是他創作小說的空間，外部則用於販售書籍。他堅持自立自主，並堅定捍衛自身著作權。曾對友人德福萊弗爾說：「你清楚我一直很忙碌，也明白時間對我有來說是多麼珍貴，所以我絕不能放鬆自己，要堅守享受寧靜生活的獨立。我並不需要任何保護者，勤勞工作和老天的安排是我所有的寄託。如果偉大不包含著善，那我寧可放棄它。每個人都應享有一項重要的權利——堅持獨立。雖然並不堅決，但有時仍能向這個世界說出自己的看法，盡一份力去改善社會現狀。」

奧林薩斯‧格利高列博士曾在一個傑出的機械協會的週年慶典上發表演講。他引用了眾多的事例，其中有不少人還曾得到他的指導。這些

第五章　財富的榜樣力量

人雖然起步於低微，但透過勤奮、節制和積極的態度，最終在知識領域取得了卓越成就。格利高列博士援引的例子包括：一名從事體力勞動的人成為希臘學研究者；一名吹笛手和一名士兵分別成為出色的校長和自然哲學講師；一名技工發明了解三次方程式的方法；一名鄉村教堂司儀成為優秀的音樂教師；一名礦工在高等數學有傑出表現；一名白鐵匠對抽象數學產生的濃厚興趣；一名裁縫成為優秀的幾何學家，發現了牛頓未曾發現的曲線；一位農夫在無師自通的情況下，發現了地球自轉和天體天文學的基本原理；一名鄉村鞋匠成為英國最優秀的哲學家。這些人靠自己的努力和才華，在各自的領域取得了卓越成就。

致力於藝術追求的人被迫以各種方式控制自己。起初，雕刻家約翰·弗拉克斯曼（John Flaxman）對一位畫家的女兒有了好感，下定決心要贏得佳人的芳心。儘管他只是一介陶匠兼蹄鐵匠，但是他鍾愛於藝術，並且在此領域取得了卓越的成就。最終，他戰勝了初時被拒的命運，與那名千金成婚。然而，在結婚時，弗拉克斯曼的藝術才華尚未完全顯現，他仍只是一名技術純熟、前景廣闊的新手。伯爵約翰·雷納爾德爵士曾感嘆：「弗拉克斯曼的妻子毀掉了一位藝術家！」然而結果並非如此。弗拉克斯曼的妻子安娜充滿自信地說：「讓我們共同努力，節儉生活。我們的婚姻絕不會使他人產生這樣的想法：安娜·德漢姆毀掉了約翰·弗拉克斯曼的前程，他已失去藝術家的靈性。」他們的生活確實非常節儉。為了賺取更多收入，弗拉克斯曼開始從事徵稅工作。經過5年的耐心、勤勉和節儉，這對夫婦累積了一筆資金，懷著對藝術的熱愛前往羅馬。在那裡，弗拉克斯曼一面研究藝術，一面工作，大幅提高了自己的藝術素養，不久後便獲得了英國首席雕刻家的稱號。

藝術家大多出身貧寒，若生於名門世家，他們恐怕難以成就藝術事

業。因為他們必須憑藉自身奮鬥，從一個人生站點邁向另一個。他們依賴自己的勇氣克服困境，從而增強內在力量。拉格斯的首份工作是刻印帳單；威廉·夏普曾從事刻寫門牌；塔西——這位雕塑家及獎章設計師，最初的事業是鑿石。有一次，他偶然地參觀了一場畫展，於是決定成為藝術家，不久後，他便進入專業學校，從繪畫基礎開始學習，在這期間，他仍維持鑿石工作，直到新技能可以維生。憑藉著努力工作、勤奮學習，塔西提升了藝術技能，最終獲得更好的職業發展。

身兼數職的夏特雷先生不僅擅長雕刻，亦精通鍍金工藝。他總能從所得中省出 50 英鎊，繳付給主人，以解除契約。此後，他前往倫敦，繼續從事雕刻創作。憑藉日益精進的雕塑技藝，他開始製作半身雕像，終而贏得享負盛名雕刻家的美名。

出身自石匠世家的卡塔瓦雖然從事著與父輩同樣的採石工作，但是內心卻對雕塑藝術有著濃厚興趣。離開採石場後，他來到威尼斯，擔任一位藝術家的助手。雖然報酬微薄，但是他仍滿懷喜悅，因為這是他實現夢想的必然結果。他不求金錢，只盼能不斷學習，提升自身的繪畫、雕塑、語言、散文、歷史、考古以及希臘羅馬典籍等領域的造詣。隨著時光流逝，人們漸漸欣賞並肯定了他的才華，最終，他實現了自己的理想。

英國雕塑家盧夫的故事也展現了自制與勤奮的力量。小時候，他就熱衷於繪畫，並以此換得別針的酬勞，長大後，他與兄弟們熱衷於黏土塑造，創作了數千件作品，包括希臘人和特洛伊人物，甚至是供父親擺放的「教皇的荷馬」。在閒暇時，他們還設計了劇院模型，擺放角鬥士雕塑。成年後，他們繼續從事農活，但仍不忘雕塑創作。每逢聖誕前夕，盧夫更成為最受歡迎的人，因為大家都希望請他製作精美的節日糕點。正如盧夫所言，這就是鍛鍊。

第五章　財富的榜樣力量

卡塔瓦與他的石雕

　　最終，盧夫來到了倫敦，開啟了他的藝術之路。因為認識一位煤船船長，他得到了通行證。抵達倫敦後，只要煤船停泊在泰晤士河畔，他便會在船甲板上歇息。船上的人們對他很是友善，都勸他回到故鄉，畢竟在這座陌生之城，他既無朋友，亦無資助，更缺乏謀生之具，面對此般不利處境，他該如何應對？但盧夫堅信，既然邁出了這一步，便不能退縮，至少眼下還不能回頭。告別船上人時，他們為他的孤獨處境而嘆息。

　　盧夫尋覓了一處新居所——位於伯雷夫大街上的一幢陌生的二層樓上，樓下有數家水果店。他就是在這裡創作出那尊享負盛名的雕塑《麥洛》。為了使雕像的頭部能夠伸出，盧夫竟然掀開了屋頂。正是在這裡，海登發現了他，並且對他的天賦高度讚賞：「我必須去拜訪這位年輕的雕塑家，他能在初出茅廬的情況下產生如此影響力，其《麥洛》在我們這個時代可以說是現代雕塑史上的傑作，真是天才的典範。」在創作《麥洛》期間，盧夫生活十分貧困，已有 3 個月未曾進食。彼得・柯克斯發現他時，他正將自己的衣服撕成溼布鋪在雕塑上，以保持黏土的潮溼。整個

冬天，他僅靠一個煤爐取暖。躺在這件不朽之作的黏土模型旁，在寒冷中一遍遍顫抖入眠。

夏特雷曾向海登坦言，倘若擁有充裕的財富，他定將全身心投入高尚的藝術之中。然而，夏特雷的大部分時間卻被雕塑事業所占據，在他的專業領域內，他只致力於一些能夠賺錢的工作。後來，當海登在布來頓遇到夏特雷時，他告訴夏特雷：「我原本是一個從鄉下來到倫敦的人，如今卻從事著你夢寐以求的工作。」

卓越的雕塑家盧夫在《麥洛》展出後，在雕塑界享有崇高聲名。威靈頓公爵欣賞他的作品，隨即訂購了一尊雕像；傑出的藝術評論家馬特薩·利德雷也深受盧夫年輕天才的魅力所吸引，成為了他最大的贊助人。這位傑出的雕塑家決定為自己的事業開創全新的道路，他開始研究抒情式雕塑，要成為英國偉大的「詩人」。但單純透過人物姿態來表達故事顯然十分困難，他說：「真正的藝術家必須以現實為基礎，用思想的筆在空中揮灑。」他又說：「我的意思就是要將靈魂與軀體、理想與現實、天堂與人間融為一體。」

盧夫先生在雕塑領域的成就無需贅述。在他的眾多傑作中，《懺悔者》享有盛譽。他還能刻劃出莎士比亞和米爾頓的形象。他的《精靈》、《泰坦》及其他卓越作品贏得了廣泛好評，人們崇敬並讚賞他的才華。值得一提的是，直到 1862 年，他那尊著名的雕塑《麥洛》才在國際博覽會上以青銅像的形式展出。

德比伯爵（Earl of Derby）在為利物浦學院優秀學生頒發獎學金時作了如下的評論：

「在各個國家中，大部分人 ── 無論多大年紀 ── 都懂得沒有付出就沒有收穫的道理。在英格蘭，哪怕是那些沒有必要這樣做的人，也

第五章　財富的榜樣力量

常常會因為榜樣、習俗或某種認為正當的理由的驅使，而以某種方式這樣做……如果真的存在某種必然性的話，那麼就是一個社會成員必須為社會做些什麼，才能從社會中得到他想要的回報。除了生理上的殘疾和缺陷之外，無論學識淵博，還是非常富有，或者其他的托辭，都不能成為我們逃避這項最簡單、最基本的個人職責的借口……但是，在我們這樣的社會中，有一些人卻不這樣認為。今天我想說的是，在我看來，各行各業的人都願意將自己視為『賺錢謀生』的機器，我們已經忘記了一點：每個人都具備多方面的才華和技能，但是，我們賦有的這些才華和技能是無法被雇傭的，職業不能完全滿足於我們的需要。當你們全身心地投入到事業當中，勤奮刻苦地工作的時候，我當然毫無意見。但是，我認識的一個最睿智、最有修養的人，他在 50 歲之前就已經從他那份收入豐厚的職位上退休了。他之所以這樣做，是因為他認為自己已經賺到了足夠他和他家人所需的錢，所以他沒有必要將自己的晚年歲月也用來賺錢。有人認為他的這種想法和做法是極其愚蠢的，但是我卻不這樣認為。我相信這位先生在以後的生活中絕不會自己的這種選擇後悔。」

英格蘭伯爵德比

實際上，德比伯爵所提及的這位紳士便是著名的蒸汽錘發明家詹姆斯・內史密斯 (James Nasmyth) 先生。值得一提的是，內史密斯先生自願公開其一生的故事，因此我們無需遮掩其姓名。內史密斯先生的一生確實值得我們學習。小時候的他便顯露出了朝氣蓬勃、樂觀積極的個性。他的父親是一名技術工人，同時也是一位畫家，相信正是從父親那裡，小內史密斯繼承了出色的機械技能。在父親的工作坊中，他第一次接觸到各種工具。另一位朋友的父親開鐵鋪，所以他經常到那裡觀察金屬製品的製造過程，從模型製作、熔鍊、鑄造、鍛造到成品定型，無一不仔細觀察，牢牢記在心中。

內史密斯先生回憶道：「在我年少時，每逢星期六的下午，我都會在這個小鐵廠的各個工廠裡四處遊走觀察。我認為這段時光是我一生中唯一真正的學徒時期，這些知識並非單靠書本就能習得。我觀察他們的工作，偶爾也會親自操作，幫他們一些忙，從中產生與這些工作相關的想法。那段經歷已經深深地烙印在我的記憶中 —— 事實上，我在小鐵廠裡學到的東西與一個工人所得到的無異。」

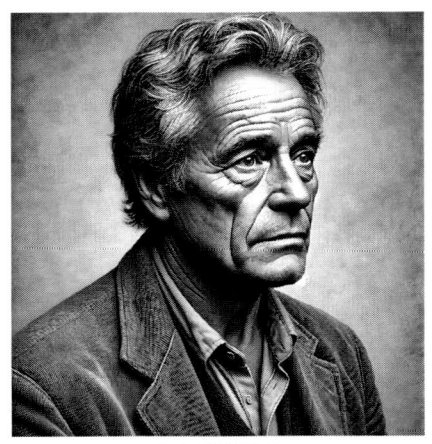

內史密斯先生

第五章　財富的榜樣力量

在那段時期，年輕的內史密斯已經能熟練地運用父親的工具，著手進行各種創作。他巧手鑄造鋼鐵火絨箱，並將之販售予校內學生。同時，他也製作了蒸汽機模型及組合模型，供老師在課堂上使用。這些創作為他帶來可觀的收入，足以支持他前往愛丁堡大學，修習自然哲學及化學課程。內史密斯的另一項工作，是製作可用於普通道路的蒸汽汽車活動模型。這款模型效果驚人，激勵他製作了更大型的蒸汽發動機模型。待此大型機器得以成功運作後，內史密斯便將之出售給一家小工廠。

此時 20 歲的內史密斯，渴望能夠更好地展現自己的才能，並得到他人的讚賞與欣賞。他希望能在當時社會上一家大型發動機製造廠找到工作。在他看來，首選的公司便是由亨利·馬德斯雷先生領導的企業。為了在該公司獲得一份工作，他自行製作了一臺小型蒸汽機，包括鑄鐵和鍛造等各個步驟都是親手完成的。隨後，他前往倫敦，向這位卓越的工程師亨利·馬德斯雷自薦，當他展示自己設計的圖紙和模型時，便成為了馬德斯雷先生最得意的門生。

內史密斯毅然離家來到倫敦的費用是他自力更生而得。如今，他決心拜師於大師級人物之下，他決定再也不動用父親的一分錢。年僅 11 歲時，他便堅信自己有能力可以維持自己的生活，無需家人資助，現在，他果真實現了這份決心，彰顯了非凡的品德操守。他深信，在這個公司所得的薪酬，既然足以維持他人的生活，必定足以維持自己的。當然，在生活中他必須保持自律和節儉。雖年紀尚小，他卻已能在諸多方面表現出超乎年齡的自我約束。

就薪資問題而言，內史密斯的薪資為每週 10 先令，他意識到這筆薪資意味著他必須過著節儉的生活。但是他仍能夠充分利用這筆微薄的收

入維持美好的生活。內史密斯對此頗為自豪，他做到了量入為出，無需再依賴父親的資助。

在他就職的第二個年頭，他的薪資已增至每週 15 先令。雖然薪資較先前有所提升，但他仍未放棄節儉的生活方式。他開始積蓄資金，用以添購一些必需的工具。最終，他利用這些工具開始了自己的創業之路。到第三年工作時，他的薪資已經翻倍，這主要是基於他的出色表現。他曾感嘆道：「我不知道，在我之後的歲月中，是否還會有像我在馬德斯雷公司度過的如此有趣且充實的三年時光。對於像我這樣的人來說，那真是太好不過了——我可以毫無顧慮地全情投入到與機械有關的各項工作中，在研究機器的同時也研究人性。我希望能有更多年輕人能夠像我一樣工作，我深信他們將從不斷進步、自我完善以及真正的自立感中獲得回報，這對於那些勤奮工作、渴望開創嶄新生活道路，以及想成為正直善良之人的人都具有強大吸引力。」

內史密斯離開馬德斯雷的公司後返回了家鄉愛丁堡。在此，他創辦了一家不大的機械工具店，這為他的事業發展奠定了基礎。為了增加收益並添置更多工具，他建立了一個專門從事機械製造的工廠，並在那裡研究兩年的機械。1834 年，他將所有工具和機器搬到了曼徹斯特，正式開始了他的事業。雖然起步並不順利，但憑藉著堅韌意志，他的事業迅速發展，最終在布里奇沃特運河沿岸購得一塊土地，成為著名的布里奇沃特鑄鐵廠的創始地。這裡最初的工作工廠僅由木頭搭建。

內史密斯回憶道：「在這個工坊內，我傾注全力、殫精竭慮地工作至 1856 年 12 月 31 日。終於，在上天的庇護下，我得以從忙碌中解脫，開始享受安閒、充實和歡樂的生活。我自豪地認為，在這個機械時代，許多富有價值的發明都蘊含著我的印記，其數量之多，令人嘆為觀止。無

第五章　財富的榜樣力量

論是汽船還是火車頭，無不採用我發明的蒸汽錘。」

雖然內史密斯選擇在 48 歲時過上悠閒自在的生活，但是他並未完全沉浸於生活的安逸之中，相反地，他將更多精力投注於自己熱愛的事物之上。此時的內史密斯已然擺脫現實的枷鎖，在星空中自由翱翔。透過自製的望遠鏡，他得以觀察太陽，並發現了太陽上獨特的「耶葉紋」。同時，他也熱衷於觀察月球，並拍攝了許多珍貴的影像。內史密斯將自己的研究成果撰寫成專論，向世人詳細闡述了月球的地理狀況及一些鮮為人知的月球現象。內史密斯的才華並非局限於科學研究，他也被視為是一位出色的藝術家。雖然他從未舉辦過畫展，但有時會投入大量時間從事繪畫創作。記得有一次，當我們拜訪他時，他正在為新研製的望遠鏡拋光鏡片，他這樣做的動力竟來自於房屋外的風車。

在結束本章之前，我想補充幾點心得。內史密斯曾言：「若要以一句話總結我一生的勤勉成就，那就是：『職責重於享樂！』這句話無疑可作為年輕人通往成功道路的祕訣。它突顯了工作盡責的重要性，而所謂的『厄運』、『不幸』或『悲運』，多半源於背棄此理念，不肯吸取教訓。根據我的經驗，若長期無法成功，往往是因為缺乏自我克制和常識。最不利於成功的正是相反的人生哲學：『享樂高於責任！』」

第六章　合作能夠迅速累積資本

　　在羅馬人的視角中，勇氣和美德被視為同一範疇，均蘊含深邃的智慧。事實上，美德即為戰勝自我。沒有付出代價的事物，皆為無足輕重。

—— 德・梅斯奇

　　相較於低等生物物種，人類擁有與同類合作的獨特能力。人類透過與他人的合作，得以完成個人或者個體無法單獨達成的事物。

—— 約翰・史都華・密爾（John Stuart Mill）

　　對未來前景，我們必須確保財富能更加廣泛地分散各地，並且使它們符合法律規範，從而彰顯其所蘊含的正面效益。

—— 格萊格

第六章　合作能夠迅速累積資本

在我們的日常生活中，節儉的方法層出不窮。積少成多，是我們實現節省的首要準則。我們需要將一定比例的收入存起來備用，以備不時之需。那些收入微薄卻揮霍無度的人可謂愚者。而法律對於此類揮金如土之人的懲罰，就是剝奪他們管理自己事務的資格。

支付現金是是我們實現節儉的第二條原則。在能力許可範圍內，我們當以現金交付為宜。在資金有限的情況下，我們要學會拒絕誘惑。切忌因為誘惑而背負債務，也不能因此向他人借貸。背負債務之人，容易對他人說謊，難以維持良好聲譽。

投資並非一定有回報，因此，我們的第三項原則便是，在難以確定有利可圖的情況下，切勿輕易投入金錢。因為欠缺智慧的投資舉措，可能導致我們陷入債務泥沼，甚至永無翻身之日。債務的折磨，將使我們如同《辛巴達》中的老人般墮落失意。

此外，制定明確的家庭預算也是一種有效的節儉方法。審慎記錄收支情況，有助於清楚掌握自身的財務狀況，並在預算範圍內合理地規劃開銷。懂得理財的人能夠清楚界定所需，並依收入狀況有效分配開支，確保收支平衡，展現其規劃理財的良好習慣。

約翰·衛斯理（John Wesley）在晚年生活中始終謹慎理財，儘管收入不高，卻能有效安排開支，並樂於助人。在他去世的前一年，他在日記中坦言，在過去86年裡，他一直保持帳目清晰完整，雖然不在意未來是否還會繼續保持如此，但他相信自己能妥善規劃收支，並將所剩款項施予有需要的人。衛斯理的財務管理和慈善精神為世人樹立了良好榜樣。

除了這四種節儉的基本原則之外，父母也要謹慎管理家庭財產。凡是所購置的物品，務必加以善用，妥善收納。對於一般收入的家庭而言，注重家務與關注自身職務同等重要；即便是成就斐然的人，親自參

與家中瑣事亦是不可或缺的。

　　節儉的養成確沒有統一的標準可循。正如哲學家培根所言，收支應當均衡，積蓄與花銷應該個為收入的一半。但這個規則或許過於精確，連他自己也難以完全遵守。生活環境不同，房租支出也有所差異，鄉村與大城市自然也存在落差。無論如何，省下的越多，積蓄就越豐厚。

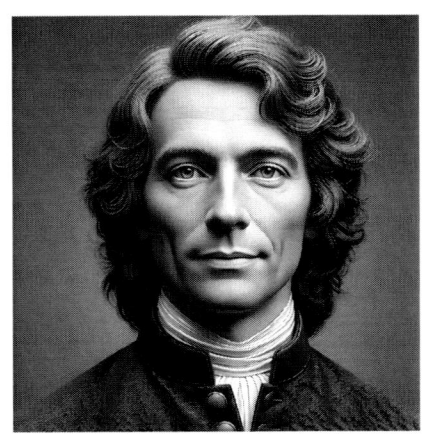

約翰・衛斯理

　　大多數人僅活於當下，鮮有對未來的考量。只要滿足當前生活所需，即便對未來毫無預備，通常也會被視為已盡其責。民眾勤勞敏捷，但缺乏長遠眼光，縱然擅於賺取金錢，卻揮霍如狂。因此，他們欠缺深遠計畫及節儉儲蓄的美德。

　　無論是什麼行業，人們似乎仍然難以擺脫奢靡浪費的生活方式，即使不去借債，他們的收支也常常相抵銷。上流社會為了炫耀身分地位，不惜購置豪華住宅、奢華座駕，並追求珍饈美饌與名貴服飾。然而，他們往往因無法與他人相比而暗自傷神，甚至一蹶不振。

　　然而事實往往如此。現下社會中，中產階級不惜竭盡所能模仿上層生活，追求奢華與享樂。他們殷勤於重塑住宅、穿戴華服，總是關注著

第六章　合作能夠迅速累積資本

上流社會的動態，常常出入歌劇院和戲院以增進品味。炫耀之風已成時尚，一時間各種荒唐可笑的舉動此起彼伏，人們的虛榮心亦日益膨脹。這樣的陋習卻在攀比中愈演愈烈。至於勞工階級，薪資微薄，生活貧苦，即使有少許餘蓄，亦無法為未來困境打算；一旦不幸降臨，便只能在狹小住所中遮風避雨，根本無法解決生活所需。

由於貪婪而吝嗇，由於節儉而省錢，這是兩種截然不同的概念。然而節省錢財的具體方法卻是一致的，那就是精細管理、合理利用，杜絕任何浪費，但是最終目的卻差異甚大。吝嗇鬼的唯一快樂源於徹底杜絕浪費，連面對他人需要幫助時也毫不施捨。懂得節儉的人，會將部分財富用於享樂與舒適，但是同時也會積蓄以備將來所用。貪婪之人將金錢視為生命中不可或缺的神聖事物，而節儉之人則視之為有用的工具，用以提升生活品質及個人與他人的幸福。吝嗇鬼貪得無厭，卻永不滿足，死後財富亦為敗家子女一掃而空。但節儉之人則不然，他們只求在財富和生活中維持適度保障，絲毫不迷戀於累積鉅富。

節儉乃是每個人的責任所在，不論年齡。正如薩利公爵在其《回憶錄》中所讚頌的，節儉為其財富增添了深遠的意義。即使在年輕氣盛時期，公爵也能儲存應急所需。而對於成家立業的人來說，履行節儉義務更為迫切，因為必須肩負照顧家庭的重任。若不慎遭遇疾病或意外離世，家中若無積蓄，其親人只能在現實中跌宕掙扎。他人的同情雖可暫緩饑饉，但施捨得來的東西並非由勤儉勞作所得可比。後者代表福祉與安適，不會傷害任何孤獨無援者的心靈。因此，節儉與積蓄乃人人當盡之責。我們不可鋪張浪費，當善於節儉，只有如此，才能確保自己及家人的幸福安康。

透過節儉的生活方式，人們得以實現有意義和價值的目標，並體現

了自身的尊嚴。即便最終未能完全達成，也勾勒出清晰的思路，展現了美德戰勝邪惡、勤儉戰勝奢侈的境界。這種努力能夠抑制焦慮，消除憂慮，確保生活安康。雖然不能累積大量財富，但在突發事件中能夠從容渡過難關，避免陷入無助。擁有一定儲蓄，心境更為愉悅，精神狀態更為積極向上。即使失業或遭遇不幸，也有能力應對，避免情況惡化。透過勤儉，我們發現生活的價值和尊嚴，並能成為子孫的楷模，為他們留下豐厚遺產，讓後人安康自立。

個人的成長、教育和自我提升無疑是人生的根本追求。同時，我們也應以合理有度的方式，去援助那些自立自強的同胞手足。每個人都應該擁有自由意志和自由行動的本領，已經有很多例子為我們證明了這點。那些渴望獨立自主的人，起初所處的環境可謂非常糟糕，但憑藉著不懈奮鬥，終能突圍而出，克服重重阻礙；他們自社會底層脫穎而出，彷彿要昭示一個理念：只要懷抱充沛精力、堅定目標，並執著不懈地付諸實踐，個人必能在社會中得到圓滿實現與提升。人性的光輝與社會的榮耀，正是在與困境奮鬥的過程中彰顯無遺。

薩利公爵

第六章　合作能夠迅速累積資本

　　當一個人下定決心要成功時，其實他已邁出成功的第一步，因為美好的開端是成功的前提。自身的努力為他人提供了最大的動力，而身教勝於言教，感染力更強。因此，人們紛紛效仿這種行為。以身作則，用親身經歷教導別人履行改造自我和提升的責任，如果大家都能學習榜樣，社會必將開放和諧、興盛幸福！社會由個體組成，因此社會的安寧繁榮，或腐敗墮落，都取決於個人的行為和素質。

　　自古以來，人類一直竭力反對社會不公的處境。在面對色諾芬（Xenophon）節儉的生活方式時，蘇格拉底不禁感嘆：「為何有人不僅生活富裕，還擁有積蓄？而有人則負債纏身，甚至連最基本的生活需求都滿足不了？」以斯馬賽斯回應道：「原因在於，前者視事業如生命，而後者對事業毫不在意。」

　　事實上，個體之間的差異往往源自於其才智、行為模式以及精力的差異。優秀的品格不是與生俱來的，而是透過日後的不懈努力而養成。

　　在這個浮世之中，人類犯錯屢見不鮮。那些期望他人垂青卻無法自立更生者是很難取得成功的。而那些吝嗇鬼、揮金如土、鋪張浪費之人注定只會失敗。事實上，大多數人之失意的原因是他們骨子裡的惰性，缺乏奮發精神。他們不肯吸取生活教益，總是以錯誤的方式安排工作。然而，幸運只是偶然的饋贈，並不能帶來一輩子的幸運。

　　命運只不過是個代名詞罷了，是需要藉由勤勉和信心而得來的。正如黎希留（Cardinal Richelieu）所言，他不願雇用那些不幸的人。他所指的「不幸」，乃是缺乏實際能力、無法從經驗中汲取教訓的人。若無法從過去的失敗中吸取教訓，那必將成為未來失敗的前兆。

　　即使是最卓越、最有才能的個體也會陷入故步自封的困境，內心充滿了煩躁與焦慮。他們既無法容忍惡劣環境的折磨，又不願意調整自身

以適應環境。他們固執地認定自己的一切決策都是正確的。然而，這種做法的最終結果，只會導致自食其果的境地。正如華盛頓・歐文（Washington Irving）所述，即便他們制定了宏大的計畫、周密的安排，仍然未能達成預期目標。

在日常生活中，我們往往幻想一切皆已就緒，無需任何準備。因此，我們偏好那些目標明確，並且能以敏捷方式達成目標的人，他們能以生動且趣味的語言描述事情經過。然而，若無具體行動，語言終將只是無意義的聲音。

儘管金錢累積的欲望可被視為渴望成功的一種表現形式，但是它並非毫無用處。畢竟，人們總是期盼生活能夠不斷改善，而非日益惡化。事實上，累積財富的意願已經成為推動人類社會發展的最重要動力之一。財富的累積為人們提供了堅實的精神支柱和活力基礎，是各種事業開端的根基，是勤勉自立的基石，激勵人們勤奮工作，並努力超越他人。

在我們的生活中，懶惰或揮霍奢靡之人無法成為真正有用之人。反之，善於珍惜光陰、勤勞努力之人，方能推動社會進步，以其學識與創造助此社會節節高升。勞動，是人類生存之必要條件。「勞動是神所賦予子民的責任」的這種思想，自蒙昧時代即為人所知。

隨著我們生活經歷的逐步拓展，我們會發覺各事物與所累積財富密切相關。眾人追隨、致力於量入為出的生活方式，以備不時之需。他們憑藉自身的勤勉努力，成功渡過難關，並藉此提升生活品質。更有賴於彼此合作，方能有效推行節儉習慣。即便身陷困境，只要攜手互幫互助、整合資源，便能克服貧困壓力，並推動社會發展。

個人的力量雖微，但若能與他人攜手共進，其成果必將彌足珍貴。

第六章　合作能夠迅速累積資本

正如密爾先生所言：「相較於低等生物物種，人類擁有與同類合作的獨特能力。人類透過與他人的合作，得以完成個人或者個體無法單獨達成的事物。」人類文明的發展，正是合作精神的結晶。

人與人之間的合作乃是推動社會發展的關鍵所在。要提升民眾的生活素質，促進社會進步，皆須藉由合作才能獲得圓滿成果。從事慈善事業的人士，必須相互合作，才能取得成功，並在社會上發揮影響力。他們的所作所為從各個層面來看，都體現著社會制度的優越性。

中產階級可謂發展最為迅速的群體，其背後的根本原因在於他們廣泛地採用了互助合作的做法。他們憑藉旺盛的精力和勤勉的品德，為英國的強盛與繁榮做出了重大貢獻。更關鍵的是，他們深知合作的重要性，隨時隨地互幫互助。面對攻擊時團結一致以抵禦，共同戒除不良習性，為實現宏大目標而通力合作。他們坐在一起制定商業條例、共同開發運河鐵路，合資興建天然氣、保險金融公司，朝共同的實業目標努力。小額資本的聯合使他們能夠積聚龐大資金，承擔起宏大工程。

密爾

所有股份制公司的成長，皆源自夥伴合作。中產階級透過與他人的通力合作，為社會做出了重大貢獻，並也為自身實現了一定成就；然而

那些更需依賴合作以獲得成功的階層，卻未能深入了解此點。鐵路、電報、銀行、礦場以及各類工廠的建立與發展，皆倚賴了中產階級的集資力量。

雖然勞動階級才剛剛開始採用這種做法，但他們終將取得非凡成就。如果他們能夠累積節省下來的資金，那麼他們便能成為自主的主宰。在過去幾年中，人們將數百萬先令用於罷工期間的生活開支；而每年，人們也將一億先令花費在飲酒及其他無謂的事物上。這無疑是一筆巨大的財富！能夠輕鬆支配如此龐大財富的人，定能輕而易舉地成為富翁。但若是將這些資金投入到建築、工廠和蒸汽機的建設中，他們便能成為自己的雇主，不再為其他資本家工作。對於蒸汽機而言，它並不在乎為誰服務，但它定會為那些能熟練操縱它的人默默工作；只是當它為那些可以熟練操作的人服務時，其效率定會更加出色。

正如我們所見，大多數勞工除了肉體勞力外，僅能獲得微薄的薪資報酬。許多人將收入的絕大部分用於必需品，而缺乏儲蓄意識，未能成為資本家。倘若人民普遍養成節儉習慣，並將資金合併運用，或許便能躋身於資本階級，並達成宏大事業。時至今日，每個公民都理當履行社會責任，以正當高尚的方式累積財富，既可應對未來，也可奠定成功之基。

節儉並非簡單的吝嗇和貪婪，而是一種謹慎的生活態度。我們必須累積足夠的財富，以應對未來可能遇到的種種困難。這不僅可以在我們身陷疾病或年老時提供經濟保障，也能確保我們不必依賴他人維生。因此，節儉並非目的，而是確保自己和家人幸福安康的手段。

面臨剝削工人階級的遭遇，絕大多數勞工常常會團結一致以抗爭。然而，這種團結並非總能得逞。以反對雇主為例，工人們往往會組成罷

第六章　合作能夠迅速累積資本

工聯盟。此種現象極為普遍，卻往往以失敗收場。工人們團結罷工，也反對同階層的其他人，並非出於讓他們進入自己的特殊行業，而是希望獲得更多利益。他們費盡心力，阻止比自己更為貧寒者學習他們的技藝，目的是希望使自己的勞動不被輕視。然而，這種行為終將只能帶來暫時的勝利，最終難逃失敗的下場。

某些勤勉工作，或在特定領域擁有卓越才能的勞工，他們之所以不能成為資本家，去雇用那些比他們更為貧窮或技藝不夠熟練的人，並非是因為缺乏經濟資源，而是未能知道累積財富的重要性。在有名的布萊斯頓罷工事件中，工人不僅損失了 50 萬先令的薪資，結束後也未獲得任何利益，只能重回原先的工作條件。倫敦建築業的協會罷工造成 30 萬英鎊的直接經濟損失，即使獲得了要求的條件，也需要六年才能彌補期間的損失。迪恩森林礦工經歷十一週罷工後，不但未能達成目標，更須以原有條件復工，並損失 5,000 英鎊。更慘的是，諾森伯蘭與達勒姆的鐵廠工人，不僅在四個月罷工期間虛度光陰，損失 20 萬英鎊，復工時薪資還降低了 10%。南威爾斯煤礦和鐵廠工人的罷工事件，也耗費了四個月寶貴時間，據阿伯德公爵所言，他們自身的損失絕非低於 30 萬先令。

對廣大勞工來說，薪資收入微薄，令人憐憫。這主要是因為他們不善於合理管理手頭有限的資金，甚至還浪費了不少。以南威爾士的煤礦和鐵廠工人罷工事件為例，他們損失了 300 萬先令，只需從中拿出 100 萬先令，便足以重建一座煤礦、一家鐵礦或一家工廠。只要合理利用，他們完全可以採取合作的方式，為自己和雇主謀求更多利益。

格萊格先生曾斷言，只要培養儉樸的習慣，即便是一名收入中庸的工人，也能在短短十年內，累積起五百英鎊的財富存款。而若是與另外二十位同樣懂得儲蓄的工人聯手，那麼他們就能聚集起一萬英鎊的資

本,足以開創任何他們所嚮往的事業。

格雷格先生提出的合作制模式是可行且有據可依的。事實上,英格蘭各地的工人長期以來就一直採用合作制。同樣地,許多漁場數百年來也一直採用這種方式。為了獲得更高的收益,漁民們通力合作,共同打造漁船並配備先進的捕撈設備,然後共同出海捕魚,根據勞動貢獻來分配所獲得的漁獲。維茨泰伯牡蠣捕撈公司雖然直到1793年才獲得國會的正式認可,但是其合作制實際上早已建立多年。科內華錫礦的工人們也遵循著類似的原則,首先開採錫礦,再銷售洗煉後的錫,收入則按照一定比例分配,這個比例主要是根據從地中海運送貨物所需的時間而定。

如今,合作制度已獲得廣泛的發展應用。1795年,赫爾工人抵制工廠協會成立,其早期成員向市長和市議會遞交請願書,獲得批准成立麵粉磨坊,並規定工人自願參與。這家麵粉磨坊規模日益擴大,股東已逾4,000人,每人持股約25先令,主要來自勞動階級。部分磨坊主曾企圖訴諸法律手段解散工人的麵粉磨坊,但最終失敗,因為該麵粉磨坊以市場價格向成員銷售麵粉,利潤按家庭消費量分配,事實證明麵粉磨坊為工人帶來了豐厚回報。

數十年後,追隨赫爾「貧民」理念的先驅終於顯現。1847年,里茲的合作社制成員收購了一家麵粉磨坊;1850年,羅徹德爾工人也收購了一家麵粉磨坊,從此這些磨坊的生產皆為合作股東謀利。最初,里茲穀物磨坊主企圖向茲工業協銷售大量麵粉,但是他們的行動很快被否決,不過麵粉價格確實降低了。里茲麵粉磨坊獲利大增,僅一年的營業額即超過10萬英鎊,資金達2.2萬英鎊。除了向社員提供優質麵粉外,1866年他們還向3,600名股東派發8,000英鎊的紅利,獲得了空前的成功。與此同時,羅徹德爾地區穀物磨坊合作社也因為合作制而蒸蒸日上。該社

第六章　合作能夠迅速累積資本

擁有超過 1,200 名社員，並為 62 家合作社供應麵粉。1866 年，其營業額達 202.4 萬英鎊，純利潤逾 1.8 萬英鎊。

羅徹德爾穀物磨坊合作社的前身乃是備受尊崇的羅徹德爾平等先鋒社，被視為產業合作組織發展史上的重要里程碑。1844 年，這個平等先鋒社成立之初，經濟狀況相當不佳，大多數工人對其未來前景缺乏信心。為了節省開支、合理管控辛苦賺得的每一分錢，約 28 至 30 名絨布紡織工人組成了一個互助協會。眾所周知，勞工越是節儉，越容易在正常開銷之外多花費 10% 以上，正如福塞特教授所估算的高達 20%。錢款通常在用於正常開支前便已耗盡，直接的說法就是節省下來的資金全進了店主腰包。

羅徹德爾平等先鋒成員

互助社的成員每人每週貢獻兩便士，直至每人完成 52 次捐贈後，他們便能集資購得一大袋燕麥，隨後按成本價在社員間分配。隨著社員人

數與基金的持續增加，他們亦能購入茶葉、糖等日用品，按成本分配給社員。如此一來，他們的財力不僅超越了商舖老闆，甚至能自行經營。不過，他們堅持始終不允許賒帳，並要求以現金付款。

互助社的規模日益壯大，他們不僅建立了各類出售食品、生活用品及其他必需品的商店，數年後更創辦了一家合作制的穀物磨坊。他們不僅透過發行一英鎊股票來募集資金，還開始生產及銷售服裝和布料。然而，他們的主要業務仍是買賣生活必需品，如肉類、雜貨、麵粉等。

在棉花短缺的時期，儘管經濟陷入危機，但互助社的業務仍然興旺。當初創立互助社時，他們就深知知識的重要性，便撥出一定比例的資金，建立了新聞閱覽室和圖書館。如今，僅圖書館的藏書量已超過6,000冊。

隨著事業版圖的不斷擴張，這家互助合作社已成為一股不容忽視的力量。除了在託德蘭開設首家銷售據點外，他們在羅切斯特市及其周邊地區又增設了11家分支機構，用於銷售各種商品。根據1866年年底的統計數字，該社已擁有6,246名股東，實收資本達99,980英鎊。而在那一年，他們的商品銷售額更是高達249,122英鎊，實現利潤31,931英鎊。可見，這家互助社正日益成長為一家實力雄厚的企業。

然而，他們的收支並非僅限於此。每年，他們還從淨利潤中撥出2.5%的資金，用於建設新聞閱覽室和圖書室，年度開支超過700英鎊。至今，他們已在擁有互助社業務的不同城鎮建立了11個此類設施。互助社會員可在圖書館內進行各種棋類活動，並使用立體顯微鏡和望遠鏡觀察天體。雖然這裡並無強制禁酒的特殊制度，但新聞閱覽室和圖書館卻發揮著推動自我節制的重要作用。因為在羅徹德爾互助社，任何禁酒倡導者所發揮的影響，都比不上禁酒本身產生的影響。

第六章　合作能夠迅速累積資本

　　英國北部各縣的勞動階層深受羅徹德爾先鋒者之教導影響。因此，該地區無論城市亦或鄉村，皆擁有一處或多處合作制機構。此等機構不僅促進人民的儲蓄意識，更培養了他們的節儉美德，並推動了禁酒運動。合作制度令人民對經濟增產產生濃厚興趣，使他們能以正當途徑消費收入；此外，合作機構亦教會了人們商業運作的部分知識，因為一切事務皆由全體成員選舉產生的工作委員會管理和營運。

　　然而毫無疑問，奧福達爾聞的互助社無疑是最成功、最具代表性的案例。該互助社設在市中心最富麗堂皇的房舍之中。其底層是營運食品、雜貨、服飾及日用品的零售業務；頂層則為會員及其家屬開放的圖書館、閱覽室和教室；第三層則是用於講座、會議及舞會的交誼大廳。此外，該互助社在奧福達爾聞的六個不同城市設有分支機構，規模宏大，收益可觀。其所得利潤按會員持股比例分配，大部分利潤則會再次投資於當地的紙廠、棉紡廠和煤礦，以期獲取更多利潤。值得讚揚的是，該互助社將利潤的 2.5% 用於為會員及其家屬提供免費教育。我們曾考察此機構，其科學班開設有聲有色，甚至有一位學生獲得了政府每年 50 英鎊的獎學金，並得以免費在米尼斯學校修讀，且無需支付任何實驗設備費用。同一地區同時存在兩家合作制機構，這足以證明奧福達爾聞人民的勤勉、樸素和節儉。

　　人們通常以模範人物作為學習的目標。榜樣的力量無可估量，因此奧福達爾聞互助社在蘇格蘭及英國南部地區迅速傳播開來。位於北安普敦的一家合作社，其主要宗旨是經營皮革、鞋靴買賣以謀取利潤；而龐蒂漢姆和南安普敦地區則建立起合作制棉廠；曼徹斯特和索爾福德平等合作社則「將銀行和企業機構的利潤整合在一起」。不過這些機構主要仍是以除了酒類商品以外的食品、布料及其他生活必需品的買賣為主。

然而，成功機構的關鍵在於「現金交易，杜絕賒帳」。這些機構每次交易均以現金支付，從未賒欠，所得利潤則按比例分配給會員。這是因為每一個具有智慧的商人都明白，現金交易是最有效、最迅速的獲利方式。這個商業祕訣最初正是由羅徹德爾的先鋒者發現的，他們在為「本協會及其他協會成員」提供建議時寫道：「請注意各項經濟事務，盡可能在最佳的市場上購買商品。若有產品待售，最好直接將之賣給消費者；堅持現金交易原則，同時關注所有帳目動向。」總之，合作社本質上就是一個最大的商人，其利潤來自商品銷售獲得的現金，這些利潤隨後在會員之間進行分配。

然而，土地和建築協會開創了一種獨特的合作模式，以獲取其各自領域的財富。這些協會的支柱主要是中產階級，也吸納了許多擁有專業技能和勤勞節儉品德的工人。協會成員依靠自身收入，不僅購買土地，還自建房屋。想要擁有住房，過上幸福生活的人，必須加入建築協會成為會員。這樣一來，他們無需支付房租，只需向協會繳納會費和房屋利息。待會費和房款還清，房產即轉歸個人所有。實際上，建築協會的做法等同於銀行存款，只是目標更為明確。對於不想購房的人來說，繳納的會費也能獲得可觀的紅利。

勤儉節約是累積財富的根本，只有精明理財者才能最終成就豐厚資產。勤懇持家、自我約束是養成此等美德的必經之路，使人遠離浮躁冒進，保持穩重穩健。當勞動者自立生計後，便不再妒忌他人的富裕，也無需投機取巧以謀取利益。可見，節儉美德實為通往財富與尊嚴的關鍵所在。

有人說土地協會之所以得以完整的保有與成立，是為了政治目的，同時也是為了斷絕人們政治改革的念頭。首先，他們在伯明翰發起了土

第六章　合作能夠迅速累積資本

地協會制，目的是讓人們購買土地，同時他們把土地分成價值為40先令的地契，讓土地所有者不但具備選舉的資格，還具備反對穀物法的投票權。盡管穀物法最終被廢棄了、大多數人已與政治沒有任何牽連，但是仍有很多人保有土地權。赫亞科先生在發表建築協會的論文中說道：「亞瑟‧雷蘭德先生告訴我，許多受到伯明翰社團協會影響的人，都會為了自身的權益而喪失愛國精神。我認識很多互助社成員和基督教徒，最初他們常常討論社會改革和政治改革，而如今他們就像維新黨政府一樣，已經很少再關心這類問題了。即使在繁星閃爍的夜晚，他們仍然不願意出席公共場合的集會，因為他們的生活得到了保障，他們擁有了自己的土地，如同伊甸園的蛇在暴雨交加的時候穿過天溝走向光明。」

赫亞科先生接著補充道：「然而對多數人而言，正是這些協會教會了他們如何有效地節儉，否則他們永遠無法品嘗到節儉帶來的甜頭。此外，協會還教導勤勉的年輕人如何承擔起照顧貧困家庭的責任，使他們的父親能夠安然地坐在自家後園裡悠閒地抽著菸。若沒有協會的幫助，他們的父親必將活在對『過勞死』的恐懼中。」

在里茲永久建築合作社的支持下，已有200戶工人家庭入住優質而租金低廉的公寓。這家合作社積極宣揚其在當地工人階級中實施的做法：「協會成員在各式會議上，熱情地分享他們的故事，從微薄的積蓄開始投資互助社，用以購屋或生活所需，從而改善生活。隨著時間推移，協會不斷累積驚人的財富，成員也因此獲得豐厚的利益。節儉習慣和財富累積的知識令協會成員獲益良多。原先粗枝大葉的人如今學會儲蓄，精打細算，生活和財務井然有序，不僅受人敬重，更成為楷模公民，個人的財富大增，人生價值和生活水準亦有所提升。合理理財不僅促進經濟發展，也提高個人價值和收入，讓家庭更幸福、生活更舒適。如果沒

有儲蓄作為後盾，生活毫無保障，亦無進步可言。」

然而，在南安普敦郡之中，仍然存在著一些例外的城鎮和村莊，為合作社成員提供了以大筆金錢購置和建造溫馨房屋的機會。例如龐帝漢姆以 15,000 英鎊的積蓄購置了房屋，而當地人口僅有 8,000 人。伯恩利建築協會也取得了豐厚的成果，擁有 6,000 名投資者，一年的積蓄高達 1,060,000 英鎊，意味著每名協會成員平均擁有 24 英鎊，與龐帝漢姆成員的收入相當。協會的成員大多來自於煤礦合作制的股東、礦工、機械工、工程師、工匠、採石工以及其他體力勞動者，還有未婚或已婚的女士。據知情人士透露：「大部分協會成員已經購買了房屋，他們將購房視為一種投資。建築協會已經透過提供抵押貸款幫助了上百戶家庭，而這些抵押貸款都很容易償還。」

然而，建築協會作為一個能夠展現節儉好處的極為有利的組織，引導人們為自己購買住房而儲蓄。畢竟，房屋是人們一生中最安全、最必需的保障。

第六章　合作能夠迅速累積資本

第七章　保險中的理財之道

　　既然目標已然明確,切勿因一時的茫然而放棄。定下的目標不可因迷惘而輕言放棄。

—— 莎士比亞

真理乃吾等良友,謬誤即吾等仇敵。

—— 巴洛特

即使生命走到了盡頭,我們也沒有充分地利用它去成就我們的目標。

—— 約瑟夫·梅

過去的快樂與悲傷,只不過是生命的回溯。

—— 馬斯狄

第七章　保險中的理財之道

人壽保險和互助會這兩種合作儲蓄方式同樣值得一提。所謂人壽保險是指，保險人去世之後，他的妻子和孩子可以得到生活上的補助；而互助會則是依靠工人們的集體力量，在他們生病的時候得到相應的救助，以及在他們去世之後，遺留的妻子和孩子能夠得到相應的補償金。人壽保險用於中產階級和上流社會，而互助社則為工人階級所專有。

蘇格蘭詩人羅伯特・伯恩斯（Robert Burns）

當我們遭逢不測之時，我們仍有責任照顧家庭，因此必須擁有足夠的資金，而這正是長期儲蓄累積而來的。儘管我們深知儲蓄是必要的，是在為未來的不測做準備，但在儲蓄的過程中，我們仍面臨著花費原本應用於儲蓄的錢的誘惑。所以，勤儉節約而來的金錢，並不能依靠自身的積蓄。

然而，那些將辛苦錢儲蓄於保險協會的人就不須擔憂物質上的誘惑。一旦加入保險協會，他們每年或每季度存入的款項會立即成為整體基金的一部分，因此能充分實現保險之目的。只要獲得首份保險，他們的目標便已達成。參與保險協會的人，不論生前或逝世之後，其配偶和子女均可獲得全額保險金。

人壽保險業的普及，為人們帶來了安寧與福祉。不僅為被保險人及其親屬提供了保障，更激發了大眾履行道德責任的意識，讓人們以行動實踐道德義務。參與人壽保險不僅可確保生活無憂，還能撫慰內心，給予臨終者慰藉。健康的心態能戰勝疾病，焦慮則會加重病症，阻礙藥物療效。著名詩人彭斯臨終前曾如是感慨：「可憐的妻子和六個孤兒，我的離世恐怕會給他們帶來災禍。我如今感到孤獨無助，若我的身體可以稍微痊癒該有多好！即便至死，我仍是痛苦的犧牲品。」

　　人壽保險可被視為一個保護弱者生活的參股計劃。它實際上是一種保障人生的制度，參股的人每年出一小筆費用，匯聚成一個「保險基金」，並依賴銀行儲蓄而增值。若任何參股人員不幸辭世，其受益人即可獲得人壽保險協會預先規定的金額。團結即是力量，參股人數越多，基金也就越來越豐厚，即便是領微薄收入、定期拿工資的人，只要參加人壽保險，都可以能在離世後為家人帶來相應補助。

　　一些人在生前對社會產生了重大影響，然而臨終後，他們的家人卻陷入了貧困的困境。這些人生前的生活安康，體面精緻，支付高昂的房屋租金，經常出入娛樂場所，還炫耀自己的生活，同時還教導子女要勇於謀取社會地位，贏得他人的尊重。然而，死亡的到來不僅徹底毀滅了他們，也導致了家庭的不幸。由於他們生前並未為家庭做任何準備，只懂得當前的享受，卻沒有意識到自己的離世將意味著家庭的崩潰。他們沒有履行保護家人的責任，只需年繳 20 到 25 英鎊的人壽保險，就足以確保妻兒不會陷入貧困。但是他們偏偏沒有這樣做。這種不幸狀況表明，這些家庭的收支僅勉強平衡，一旦主要收入者逝世，家庭就難免走向破敗。

　　他們的行徑無疑殘酷至極，缺乏周全考慮，也欠缺遠見。食物和居

第七章　保險中的理財之道

所乃是每個家庭所必須具備的基本條件。既然決定組建家庭，就應該給予最完善的保障；一旦失去這些必要條件，家庭勢必淪落為苦力工廠、監獄或街頭流浪之地，或者倚賴親屬和公共慈善機構的接濟，這實在是一種沉痛的傷害！因此，他們的做法無異於跟傷害一個身陷困境者的行為一樣可恥。

當今生存環境競爭激烈，我們不得不承認，能夠為家庭未來著想而存錢的人已是少數。因為家庭開支日益繁重，導致他們顧不得存錢，而當發現積蓄微薄時，他們也就不再想把它存放在銀行。在負向的心態下，他們變得更加不顧後果，不再為儲蓄而克己節用，亦不再為未來的不幸做好準備。

有一位商界菁英累積資金以備不時之需，以免未準備好時便離世，使其妻兒陷入貧困困境。為此，他在 30 歲時加入了健康生活辦公室，每年繳納 12 至 30 英鎊的會費，卻能獲得 500 英鎊的家屬補償。這份補償即可在他遭遇意外的隔日就生效，為家人提供保障。由此可見，此人謹慎的儲蓄行為，最終為其家庭謀得了幸福的未來。

透過定期向銀行繳納 12 至 30 英鎊的保費，僅需 20 年便可累積到 500 英鎊。雖然這是一個漫長的過程，但這種簡單安全的人壽保險方式，無疑是最令人滿意的保障。因為在他有生之年的至少 26 年間，他可以安然無憂，無須再為未來的不幸而煩惱。每年繳納固定的保費，還將隨著保險公司的盈利而遞增，如此一來，他去世後，家人便可獲得固定的經濟補助，維持生計。

人壽保險乃是雙方締結互利契約，從而獲得有效保障。此契約可被視為對生命的某種補償，相較長壽者，早逝者家庭享受到更多利益。然而，長壽者並非吃虧，因其保險金額遠高於累計繳納費用。

某些人為了謀取私利，會故意放火傷害財物以騙取人壽保險賠付。這種行為固然可能激發他人做好意外傷亡或疾病的準備，但更應該引起我們深思。所謂精明，有時反而該表現在更加重要的事情上。身為一個有家室的人，他在世時對家庭負有責任，即便離世，仍應為他們創造良好的生活條件。這是每個人不可推卸的義務，也是社會賦予他的責任。雖然這份責任微不足道，卻能增強個人自尊，讓人更明白責任的重大意義。可惜的是，這種責任意識並未在社會各階層中得到廣泛重視。

而對於經濟拮据的工人階層而言，他們採取了另一種形式的互助。他們建立了志願團體，透過集體努力來幫助遭受困境的成員。迄今已有約400萬勞工自發組織成志願團體，在有需要時互幫互助，這令人由衷佩服。這種互助文化的建立，得益於社會獨立性的優良傳統。

不難觀察到，法國與比利時的勞工階層可謂是世間最為節儉與謹慎的族群。雖然其互助組織遠不及英國之盛，但上天對他們仍施以公平待遇。他們謹慎地將積蓄投資於土地和公共基金，以期獲得自身利益。對法國人與比利時人而言，土地乃是他們最深愛、最鍾愛的所在，為求購置更多土地，他們甚至節衣縮食。眾所周知的是，法國農民階層之所以將積蓄投資於國防貸款，正是為了解放被德國侵略者踐踏的法國土地。

儘管英國保護協會擁有諸多優勢，但也存在不容忽視的缺陷。就其內部管理而言，協會並未做到精益求精，財務運作出現偏差。正如歷史上新興組織常見的情況，該協會必須經歷多次考核，才能制定出最完善的制度。而過往的經驗直接決定了這個過程的進度，捐贈品處理及患者補貼問題尤為突出。盲目的捐贈導致基金頻繁告急，不得不經常封閉「錢箱」。此舉引發了會員的廣泛不滿，許多人不得不尋求其他安全保障。每一個利益協會都難免遭受失敗的懲罰，人壽保險協會也不例外，

第七章　保險中的理財之道

這些協會的倒閉也為中產階級協會帶來了信譽上的損失。

一位互助會的註冊人員如是說：「就整體而言，貴族、國會議員、商人、金融家和投機者的投資成果，無法令人振奮鼓舞，反而不如普通百姓的投資結果。」

面對艱難的生存環境，工人們無法累積足夠的財富應對突發的疾病或不幸事件。初入社會的工人，需要靠體力勞動維生，在支付生活必需開支的同時，也設法儲蓄一小部分金錢以備不時之需。然而，必需的生活開支已耗盡了他們微薄的收入，等到他們年事已高或因意外喪失勞動能力時，辛苦累積的積蓄很快便用完了。如果還要維持家庭生計，他們只能訴諸於乞討或領取救濟金。為了避免陷入這種窘境，工人們因而組建起保護自身利益的協會，透過會員們的小額捐助，建立起豐厚的基金，為遭遇不幸的成員提供援助。

透過定期繳納小額共同基金，人們可輕鬆獲得必要的保障。許多利益保護協會，如人壽保險公司般，累積了基金，用於成員因故去世後對家人的補助。儘管這類組織存在一些缺陷，但它們對社會仍發揮著重要作用。以曼徹斯特單身聯合會為例，擁有50萬名成員，基金高達3,706,366英鎊，每年用於支付醫療費和撫卹金的開支就有30萬英鎊，這些數字明確證明了該協會對依賴其的成員提供了切實幫助。透過這種互助方式，收入微薄的勞動者只需繳納少量費用，即可在不幸時獲得應有保障。這種互助合作對社會各界產生重大影響，也為成員提供了最有效的保護。這種互助形式，亦可稱之為「文明」的一種體現。

有些人拒絕參與協會活動，因為他們擔心會受到酒精的誘惑。在支付入會費兩週後，許多人便會染上酗酒的不良習慣，這需要大量的經濟開支，甚至影響到積蓄。互助會本是社區基層組織，但酒館卻成了會員

聚集的場所。對許多人來說，酒館就像一個家，會員在此閒聊、暢飲，如果只是出於防患未然或義務本身的考慮而走到一起，恐怕很少有協會能存續至今。事實上，除了以酒館為聚會場所的保險公會，很少有其他組織能夠延續至今。

因此，這個世界並非完全受某種精確規律所支配。對於大多數人而言，這是一個靈活多變的世界，只有普羅大眾的規則才能主宰其中，就如同每個人都有自己的穿衣偏好一般。將啤酒、香菸和簡單的不幸預防保險連繫起來，似乎略顯粗俗；但我們身處凡間，生活難免俗不可耐，因此我們必須面對這個現實世界，並試圖讓它變得更美好。人性本懶惰，人類追求完美的天性並不強烈，雖然以飲酒、閒聊的方式吸引他們有些粗俗，卻能確保人們的生活安全。而且，這種做法並非僅適用於勞動階層的協會，例如倫敦就有以不吃年夜飯而吸引捐款者的慈善機構先例，因為與窮人吃價值80便士的年夜飯相比，享用海鮮大餐的富人更應受到譴責。

哈利法克斯的阿克洛德先生竭盡全力，為保護勞工權益而不懈奮鬥。他在約克郡西區建立了疾病保險協會和便士儲蓄銀行，為勞工階層謀福利。儘管便士儲蓄銀行取得了極大成功，但疾病保險協會卻遭遇慘敗。對此，阿克洛德先生解釋稱：「互助會的競爭是很激烈的，尤其是面對那些放棄自治管理、互相監督的協會，如單身青年會、德魯伊教團體和伐木者協會，成功的機會更是渺茫。任何新成立的獨立社團，在未經考驗之前都難以成功。而我們的會費過高，也許正是導致我們失敗的原因之一。」

互助會失敗的主要原因其中之一便是保險費用過低。多數成員的收入微薄，他們僅能支付維持組織運轉的最低代價，這是可以理解的。正

第七章　保險中的理財之道

因如此，成員們總是著眼於制定最低的保險費標準。他們多數年輕健康，患病率亦相對較低，只要維持運轉，資金便可顯得充裕。眼看基金日益豐厚，大部分成員沉浸於表面的繁榮，卻渾然不知其中隱藏的必然衰亡。隨著成員日漸年長，病患人數陡增，應付的賠償亦越來越龐大；成員老齡化對協會的威脅也越來越明顯。因此，年輕人會避開成員年齡偏高的協會，開始組織屬於自己的團體。結果便是，年長者開始提取其積蓄，導致協會資金短缺，最終走向崩潰。正如預期，年邁患病的老成員為協會帶來沉重壓力，最終不得不宣布停止營運。而真正的受害者，是那些年齡較輕的成員，他們發現繳納多年的保費，最終卻無法獲得應得的保障，基金被用作支付老年成員及其他協會開支。

　　一個保護協會的發展並非一蹴而就。即便是最出色的組織，也必須經歷漫長的歷程，才能真正知道資金充足對於履行義務和支付費用的重要性。協會常常陷入困境，原因在於他們企圖以最少的資金做更多的事。這種做法造成了資金短缺，早期會員享有豐厚福利，而後來加入的人則面臨「空空如也」的帳目。協會的倒閉並非源於會費太低，而是因為缺乏完善的制度，無法合理分配成員待遇。協會的入會條件沒有因病弱或年齡而有所區別，唯一的差異在於會費多少。關鍵不在於基金數量，而在於制度健全。即使會員目前年輕，但終將步入衰老，若協會內有重病者長期依賴基金，組織很快就會破產。數以千計的互助會遭遇此困境，雖然服務良好，但終難長存，令會員深感失望，甚至有人感到受騙。

　　為了改善協會的狀況，曼徹斯特單身青年聯合會以代表的身分，首先採取了一些措施來完善協會的不良體制。聯合會決定整頓財政的主導思想，或許可從以下事實得到最佳佐證：管理委員會已獲授權公開所有

指導決策的數字,其中包括不善之決策。拉特克裡夫先生精心策劃了一系列財務報表,並以 3,500 英鎊的代價公開,同時公布了擬定採取的措施。在報表序言中,他表示:「這筆資金來自於集會管理基金,即會員繳交的保險基金,而非死亡保險金或孤寡援助金,但是資金並未妥善運用於符合協會利益或宗旨的地方。」

隨著時光流逝,我們的見聞日益豐富,互助會領導逐漸引入嶄新的管理技能,以改善財務狀況。對於最優秀的組織而言,成長固然緩慢,但在歷經失敗後,反而能獲得更強的生命力,其根基源於悠久的傳統之中。相較之下,最不成熟的協會,乃是勞工階級為支付醫療費用而建立的,完全依賴會員捐款,從不尋求慈善團體幫助;儘管如此,它仍為美好的未來奠定了堅實基礎,值得人們的鼓勵和讚美;它在正確的精神中茁壯成長,教育人們自給自足,更在最為人輕視的階層中,培養出具備經濟頭腦的思維。

在完全缺乏統計數字的情況下,互助組織已經開始運作。雖然它們可能會犯錯誤,但考慮到它們必須應對的重重困難,我們在評判它們的優劣時,應該抱持更加寬容的態度。只要建議源自善意,便不會引起他人反感,亦不會產生不良後果。它們的缺陷只是暫時性的,一旦邁向成功,這些缺陷自然會轉變為優勢。

第七章　保險中的理財之道

第八章　在貧困中創造價值

我多麼渴望以天為紙，用金作字，來描繪儲蓄銀行的意義。

―― 馬希

自我提升乃是助人翻身的唯一祕訣。個體必須以自我成長為基礎，方能造就改善生活的可能。

―― 薩姆大主教

巨大的財富對一個不擅長理財的人而言，無疑是種罪惡，它侵蝕了他靈魂的根脈，並腐蝕他的品德。

―― 馬克・吐溫（Mark Twain）

第八章　在貧困中創造價值

　　每個人、每個家庭都有一個祕密。這些祕密往往被深藏在最私密的角落，鮮少有人能了解他人的祕密，僅有最親密之人才能察覺它的存在。然而這些隱藏已久的祕密終將被曝光於世，難以永遠遮掩。而貧窮無疑是最普遍的祕密。正如道格拉斯·傑拉德所言：「貧窮是人們極力隱藏的祕密。只有當人們無一存款，無法負擔任何費用，更無力照應年老之需時，貧窮才不再需掩飾，因為它已然是不可否認的事實。」

　　當國家因商業集團的盲目交易或過度投機而陷入經濟蕭條時，大量企業面臨破產，職員工人失業，待經濟復甦時，他們才能重拾生活。但在蕭條期間，若缺乏財力支援與儲蓄，他們的生活便陷入貧困。合作制企業如棉廠、銀行等，也有可能面臨倒閉，一旦遇到棉荒，也將無法與大資本競爭。雖然合作制企業有強烈的生產目標，但由於具有過多投機性，難以為工人階級帶來持久利益。迄今為止，直接儲蓄是最安全可靠的保障方式，儲蓄並非固定投資，而是個人積蓄的穩定累積，可以幫助我們應對突發不幸。

　　時光荏苒，勞動階級的薪資也有所提高。如今，他們的收入至少不會低於4億。因此，我們可以確定，在如此鉅額的收入中，每年讓勞動者節省3,000到4,000萬是非常容易的。不管如何，只要他們能夠節儉，就完全可以累積一筆可觀的儲蓄，從而過上無憂無慮的生活。

　　在先前的討論中，我們已經舉出了許多說明儲蓄好處的範例。縱使這些人的身分地位低微，收入微薄，卻能深謀遠慮，樸實節儉，因而累積了可觀的財富。這不僅為他們的家庭帶來了極大的裨益，就連在他們步入晚年時，仍能無負擔地安享餘生。若人人皆能體會此理，生活定能充滿美好，善德也必將遍地開花。他人所能做到的，我們同樣有能力實現；只要有心成為無後顧之憂的人，無不可藉由儲蓄來達成。俗語云：「如同在錢

袋上鑿洞，金錢常會不知不覺地消失。」除去正常生活開支外，常有應酬的人一般少有積蓄，他們似乎已養成了一種習慣，總喜歡外出飲酒，殊不知在家亦可與朋友共享美酒佳餚，不但更為愜意，同時還可節省開支。

道格拉斯・傑拉德

經濟低迷時期，企業倒閉、員工失業已是普遍現象，若無法合理控制開支，失業者的生活處境將日益艱難。但是若能了解儲蓄的重要性，無論是自行蓄積還是存入銀行，都能避免陷入貧困。即便僅有些微積蓄，也可在困境中發揮關鍵作用，甚至成為重新獨立生活的關鍵契機。

對於許多處於不利處境的個人而言，一筆微不足道的 10 英鎊可能造就了改變他們命運的契機。對於居住在貧困地區的人來說，這筆款項足以使他們遷徙至發達地區，或甚至跨越國境前往缺乏勞動力的國家。否則，他們可能將永遠束縛於貧瘠家園。同樣地，對於面臨家庭危機的人來說，這筆款項足以避免家庭的分崩離析。對於許多受困者來說，這不過是一筆微不足道的款項，但卻可能成為扭轉命運的關鍵。

金錢本非永恆之物，不應過度強調其價值。貪婪地追逐金錢絲毫不可取，但是金錢無疑是生存所需、誠信自立的前提。因此，每個青年都

第八章　在貧困中創造價值

必須掌握儲蓄的技能，這是生活不可或缺的一環。定期撥出收入的一部分儲蓄，切忌揮霍賺來的每一分。遵循這個建議，必定能維護安穩生活、遠離貧困。不論收入的多寡，我們都要學會自立，累積資金以應對困境，免受他人羞視。俗語有言：「囊中有錢，勝過朝中有人。」讓我們毅然踏出第一步，從省吃儉用做起。節儉不僅培養自制力與遠見，更是幸福與獨立的根源。

科貝特先生堅持儲蓄對人類而言是最大的恥辱，他常嘲諷銀行儲蓄只是「幻想」。然而，銀行儲蓄業務仍然蓬勃發展，即使是勞動階層也前往銀行存款。科貝特先生犯了與過去相同的錯誤——盲目下定論。雖然成千上萬的人認為及時享樂才是最佳生活方式，而儲蓄是愚蠢的，但對於那些已經開始存款的人來說，他們並未失去什麼，反而獲得了很多好處。有人習慣自行累積金錢，但是往往無法抗拒誘惑而揮霍一空，但銀行儲蓄卻解決了這個煩惱，一旦有了存錢的地方，人們立即開始存款。

18世紀末期，普利思拉·威克菲小姐在密德瑟斯郡的頓漢姆教區，創辦了首家儲蓄銀行。她創辦這家銀行的主要目的，是要培養貧困兒童養成勤儉節約的習慣，最終成功達成了此目標。1799年，溫特的約瑟·斯密推行了一項計劃：在夏季向教區居民收取少量存款，並在聖誕節連同利息回還本金三分之一，藉此鼓勵人們養成儉約習慣。1804年，威克菲小姐效仿斯密先生的做法，擴展了這家慈善銀行，其服務對象除了年輕人，還包括年邁勞工、女傭以及兒童。1808年，巴斯的數位女士也建立了類似的機構。此時，維特布萊德先生要求國會設立一家僅為勞動階級服務的銀行，但是該提議遭到否決。

第一家儲蓄銀行在 18 世紀末建立

據說直至亨利‧鄧凱再次倡議此舉,儲蓄銀行制度才得以真正開展。鄧凱是鄧弗里斯郡窮困居民出身的魯斯維爾牧師。該教區大多數平民的週收入未超 8 先令,除耕種外別無其他生活來源。在當地人口中,地主占最大比例,這裡似乎難以建立儲蓄銀行。雖然清貧,農民仍努力資助子女求學(即便最貧困的農民在蘇格蘭也有儲蓄供子女上學的習慣),在其他友好教會社區盡一份力。儘管如此,鄧凱牧師仍堅定地決定在此開設儲蓄銀行。

儘管這個行為難以被大多數農民所理解,但是即使是最愚笨的人也能體會其中的忠告:為家庭福祉、提升生活品質以及維護自尊。鄧凱牧師深知,即便是最貧困的家庭仍會浪費金錢在非必要的開支。他曾見證過一些機智的農民,為了獲得奶油、燻肉及更多收入,而開始養牛養豬,甚至在自家園圃栽種瓜果蔬菜。他亦目睹其他居民爭相效仿這樣的儲蓄方式,透過小額投資以獲取相應回報。

因此,首家自主銀行機構誕生了——魯斯維爾教區儲蓄銀行。正如牧師所預言的那樣,儲蓄銀行的基金在 4 年內達到了 1,000 英鎊。即使

第八章　在貧困中創造價值

是每週僅賺 8 先令的窮人，乃至連 8 先令都賺不到的婦女或女傭，也能達到這個目標。而收入較高的商人、工匠、礦工和鐵匠則能累積更多的金錢。

鄧凱博士倡導的儲蓄銀行模式，已在英國和蘇格蘭許多城鎮與地區被廣泛採用。當地人模仿魯斯維爾教區銀行，建立自主式的儲蓄銀行。這些銀行既不需要任何機構的施捨與庇護，也不提供任何慈善援助；它們成功完全依賴於儲戶之間的相互幫助。這些銀行鼓勵勤勞的人們養成儲蓄習慣，依靠自身資源維持尊嚴與獨立，確保晚年生活。要實現這一切，必須精心規劃收支，依賴他人的饋贈或救濟，是無法達成此目標的。

1817 年，儲蓄銀行終於獲得了法律認可，並受到大力支持，其功能亦得以拓展，其數量也有所增加。這個重大的立法奠定了儲蓄銀行在全國的地位。不久之後，相關人士又採取了一系列措施，以提升儲蓄銀行的效率和安全性。儘管儲蓄銀行對大眾發揮了重要作用，但對於收入較高的勞動群體而言，其功能仍然存在不足。這個階層每年所得高達約 4 億英鎊，但其中僅有微小部分存放於儲蓄銀行，而其餘遠超 20 倍的收入則花費於社交上。

把錢存在儲蓄銀行的並不是高收入勞工階層，而是中等收入階層。在曼徹斯特和索爾福德的儲蓄銀行中，儲戶多為家庭傭人，其次為辦公室職員、商店老闆和礦工，相對較少的則為機械工人、手工藝者及商人。這樣的情況普遍存在於製造業聚集區。數年之後，人們發現鄧迪儲蓄銀行的女性儲戶中，幾乎全為家庭傭人，只有一位是工廠工人。

有趣的是，與收入相對較低的鄉鎮城市相比，收入較高的地區反而不那麼重視儲蓄習慣。在郵政儲蓄尚未興起之前，威爾特郡和多塞特郡

的人均存款水平超過了南安普敦郡和約克郡,這讓人感到意外,因為前者屬於英國薪資較低的地區,而後者的收入大都位列全國前列。進一步分析約克郡,可發現該地區西部的製造業人均存款為 25 先令,而東部農業地區的人均存款竟高出三倍有餘。

雖然士兵的薪資遠不及工人的豐厚,但他們的積蓄卻遠遠高於那些每週僅賺 30 到 40 先令的工人。人們通常將士兵視為簡單愚鈍的代表,甚至還認為他們粗魯放蕩。然而,大不列顛軍人銀行的情況正是對這種說法的反駁:軍人的樸素、嚴謹與節儉正是他們勇氣的象徵。作為軍人,他們必須服從上級命令,保持節儉與誠實,否則將受到軍紀的嚴懲。

訓練無疑擁有獨特的作用,它將紀律、鍛鍊與教育融為一體。對任何民族而言,其初級訓練通常具有軍事性質,幾乎成為所有民族的首要教育形式,因此,最基本的教育就是學會服從權威,理解服從的內涵;只有在領導者的指揮下,個體才能行動。這些戰士必須如同在巴達荷茲一般,隨時面對敵人的炮火,突破重重要塞與城堡,不畏為國家犧牲,以生命捍衛家國;然而,他們曾經也是普通的裁縫、鞋匠、商人、織工或農夫,彼時精神萎靡,艱難度日,如今,他們昂首闊步,隨著軍樂的節拍前進,陣隊雄偉壯觀,令天地為之動容,這正是訓練帶來的非凡力量。大部分民族在文明發展後,開始採用更多其他方式訓練,而此時訓練呈現出更多工業性質。生產取代了征服與破壞,工業的產出因此令人驚嘆,工業培養了大量精湛技藝、孕育了無數優秀勞動者。只要到訪約克郡和南安普敦郡,便可見到參與工業建設的技藝精湛的工人,他們相互配合、紀律嚴明,為社會創造了豐碩的成果。

紀律是人類獲得成功的必要條件。無論是個人還是社會,都必須依靠有效的訓練與嚴謹的紀律才能取得成功。只要是自立的人,他們的生

第八章　在貧困中創造價值

活都是有規律的；規律越完善，他們的生活也就越完美。想要取得成就，就必須鍛鍊自己的意志，在服從上級命令的同時，也不能忘記自己的意願。身為軍人必須服從命令，否則他的衝動與任性就會成為他人的笑柄。教徒的生活被戒律與自制左右著，而商人則要服從生意場上的制度與規則。幸福的家庭既是戒律最完善的家庭，又是最不會讓成員感到束縛的家庭。當我們嚴格遵守戒律規範，而又感受不到它的束縛時，我們已經把它當作一種習慣來服從了，而這種習慣只不過是長期訓練的結果。

時至今日，義務徵兵制已不復往日的地位那般重要。然而，強制實行軍事訓練的國家國力雄厚，人民樸素，還擁有良好的節儉習慣。

1816 年，彼得‧費厄福爾上校首次提出軍隊儲蓄銀行的建立構想，然而當時此建議未引起廣泛關注。直至 1826 年，奧蘭德上校（喀麥隆尼斯第二十六步兵團）再次提出此提議，才引起威靈頓公爵的注意。然而，公爵對此持否定態度，他在信中寫道：「士兵同樣可以像一般民眾般在儲蓄銀行存款，如果存在妨礙他們儲蓄的制度，就應予以消除。然而，我懷疑設立軍隊專屬儲蓄銀行的必要性。」

最後，威靈頓公爵巧妙地將軍隊儲蓄銀行的建議，轉變為削減軍隊開支的議案。他寫道：「若士兵的支出遠低於其收入，則理應降低其收入，此舉無須立即實施，可循序漸進地自日後徵召的新兵做起。」然而，誰能斷言士兵的收入過高？誰又會對削減收入而感到高興？

軍隊儲蓄銀行的概念在長久以來並未引起人們的廣泛關注，直至詹姆斯‧麥格雷格爵士和赫威克勳爵的倡導，該計劃終於獲得批准，並於 1842 年成立了第一家軍隊儲蓄銀行。不列顛士兵卓越的品德最終使這個儲蓄專案取得了斐然成就。軍隊儲蓄銀行向下院提交了一份詳細的各軍

團儲蓄情況：皇家砲兵團儲蓄逾 23,000 英鎊，人均 16 英鎊，而士兵每日最多收入 1 先令 4 便士，周收入 9 先令 6 便士，不含軍服費用；皇家工兵團士兵（大多出身富裕商業階層）儲蓄約 12,000 英鎊，人均 20 英鎊；喀麥隆尼斯第二十六團儲蓄超過 400 英鎊，儘管每日收入僅 1 先令 1 便士，但是仍超出預期；占該團三分之一的 250 名第一營士兵人均儲蓄 17 英鎊。

這些軍人的儲蓄狀況遠不止儲蓄一項。除了在軍隊銀行存款，他們還要從薪資中拿出一部分寄給家人，這無疑是一筆不小的開支。以奧爾德肖特地區的士兵為例，他們一年內匯出的款項高達 22,000 英鎊，平均每次匯款就有 21 先令 4 便士。值得注意的是，這些軍人的週薪僅有 7 先令 7 便士，儘管收入如此有限，他們仍然有能力儲蓄。相比之下，每週收入 2 到 3 英鎊的工人，理應有更多存款。

在克里米亞戰爭期間，服役於海外的士兵和水手無疑是遭受最大磨難的群體。儘管面臨艱苦困境，他們仍能保持勤儉節約的作風。透過匯票寄送的錢款高達 71,000 英鎊，而透過軍中工作系統寄出的錢也達 35,000 英鎊。在引入貨幣郵匯制度之前，士兵們的積蓄由南丁格爾女士負責管理。經多年觀察，她發現士兵們之所以願意克制開支，是因為想讓家人生活得更加舒適，並為自己今後謀求更豐厚的福利。南丁格爾女士每週都會抽出下午時間，來接收士兵們的存款，並將全部存款轉寄至英國。隨後，倫敦的同事會將這筆錢分發到四面八方，大多數流向偏遠的蘇格蘭和愛爾蘭地區。透過這種方式匯出的款項已達數千英鎊，大部分都在預計時間內順利到達，只有一筆未能按時到達。

第八章　在貧困中創造價值

英國護士南丁格爾小姐是歐美近代護理學和護士教育的創始者之一

　　1860 年印度暴動之後，每支歸國的軍隊均攜帶一筆豐厚的存款。被遣返英國的傷殘軍人個人存款超過 2 萬英鎊；此外，尚有八個軍團銀行，總儲蓄達 40,499 英鎊。其中，八十四團儲蓄最豐厚，高達 9,718 英鎊；次為哈維洛克所率的英勇七十八團，源自羅斯郡的打仗專家，總儲蓄 6,480 英鎊；艾利斯團長的三十二團儲蓄 5,263 英鎊。其餘八十六團、十團一營與第九隊龍騎兵也攜帶大量存款而歸。此番傑出的儲蓄成績，昭示了軍人的儉簡操守與遠見，是他們作為人的至高榮耀。

　　然而我們觀察到，部分軍人更傾向於將積蓄存放在普通儲蓄銀行，而非軍隊儲蓄銀行。比如，倫敦王室軍隊中許多士兵不願意將資金存入軍隊儲蓄銀行。我有幸得知造成這個現象的原因：有些軍人不希望軍官知悉自己的儲蓄情況；另一些人則不願意讓戰友知曉自己正在存款。這是因為即使在軍中，也難免有一些揮金如土的人，當這些缺乏節儉意識的士兵揮霍一空後，常常會向有錢存款的戰友借錢。

　　同樣地，工人們也不願意將資金存放於銀行。他們擔憂苛刻的雇主一旦知悉他們擁有多餘金錢時，便會藉機降低他們的薪資。例如，一名

居住於約克郡鄉鎮的工人，決定將資金存放於其雇主擔任董事的銀行，在存款之前，他不斷環顧四周，直到確認雇主並不在場時，才將金錢存入銀行。

在彼爾斯頓採礦區，工人在銀行存款時往往採用假名。是因為部分雇主深怕工人在罷工期間因為有積蓄可支撐生活開支，而失去以各種方式剝削勞動者的籌碼。在他們眼中，擁有銀行存款的階層往往無法為雇主提供所需的「穩定」保證。

彼爾斯頓的一位官員建議工人們積極儲蓄、量入為出。他表示：「我說服了一位不願意在儲蓄銀行存款的工人。」隨後他補充道：「這位工人收入頗高，但是存款很少，總是賺多少就花多少。於是我開始鼓勵他，向他介紹儲蓄的好處，每當他存錢時我都給予支持，結果他的存款越來越多。短短五年內，他用儲蓄的錢買了土地，並蓋了一座不錯的房子。如果我沒有勸說他，他的收入恐怕都用在赴宴和玩樂上，或是購置大量物品。而現在，透過儲蓄，他的社會地位不斷提高，自我認識也加深了，同時成為他人效仿的榜樣。」

從上述案例中可以看出，許多勞動階層其實擁有相當高的收入，他們無疑具有可觀的儲蓄能力。儲蓄使得他們在遭遇不幸或家人需要援助時，總能擁有足夠的資金來抵禦困境。以南安普敦郡的一個小鎮為例，鄰近城鎮的兄弟因為不滿工頭的剝削而罷工時，他們竟慷慨解囊，提供了 3 萬英鎊來援助同胞。即便我們暫時無需面對罷工的困境，我們也應該為自己的生活安康而儲蓄。事實上，現今已有許多工人開始養成儲蓄的習慣，我們應該效法他們。例如在一個開銷相對較低的農業地區，一家大型機械廠的工人幾乎都能累積 200 至 500 英鎊的儲蓄。

工廠技術工人及其家屬，每週皆能輕鬆累積 5 至 10 先令。雖說數目

第八章　在貧困中創造價值

微不足道，但積少成多，幾年後便成了可觀的財富。達爾文城一位技術工人就以其蓄買下了一排房屋，成為他的資產。在達爾文城及其鄰近城鎮，許多人用自己的積蓄興建房屋，只有少數人的房屋是依賴建築業的貢獻而得。

有一天，布蘭福德儲蓄銀行受理了一名穿著體面的工人的存款。這位工人已經不記得這是第幾次存款，但他的存款金額已接近 80 英鎊。在與銀行經理的交談中，他敘述了自己成為儲戶的經歷：原本他酗酒成性，直到偶然瞥見妻子的存摺，發現她已經累積約 20 英鎊的存款，這讓他頓生一念：「若我能戒酒存款，一定能累積到可觀的財富！」於是，他下定決心戒酒，他的所作所為也因此贏得了他人的尊敬。他感慨地說：「這份榮耀，當歸功於我的妻子以及儲蓄銀行。」

早期的布蘭福德儲蓄銀行

工人們的收入水準很可觀，但是工作也相當辛勞。因此，當他們的儲蓄達到一定程度時，他們應該放下工作享受生活。待到步入老年，更是應該從激烈的職場競爭中退出，讓位給年輕人。事實上，每到 60 歲，人們往往感覺力不從心，難以勝任工作。因此，年輕時就應該開始儲

蓄，以備日後享受晚年。不論個人所屬階層如何，都應該儲蓄，這並非僅限於中等偏上收入的群體。

對於生活捉襟見肘的人而言，便士銀行在某種程度上可提高他們的生活品質。透過自發參與，雙方均能從中獲得利益。格里諾克首家便士銀行作為儲蓄銀行的附屬機構開設，該銀行由史考特先生負責，其主要目的是希望那些僅有 1 便士儲蓄能力的貧困人士也能參與儲蓄，因為儲蓄銀行的最低存款額為 1 先令。隨後一年，格里諾克便士銀行就吸引了 5,000 名儲戶，累計存款達 1,580 英鎊。後來，由尊敬的助理牧師奎克特先生創辦的第二家便士銀行，一年內即有 14,513 人參與儲蓄，申請者太多，以至於之後的存款帳戶被限制為 2,000 戶。

奎克特先生說道：「人們之所以存款，無非是為了應付房租、添置衣物，或培育下一代。凡是需要支付費用的目標都可以用存款來實現。那些從我這裡支取存款的人們，都是有故事的人。他們可能是為了醫療費，也可能是為了因應親人離世，又或是為子女求學。可見，每一次取款皆出自迫不得已。此外，我們行內有一條慣例，凡是客戶的存款餘額超過某個特定門檻，帳號就會自動轉至儲蓄部門。因此，有些原本只能勉強存下一兩便士的儲戶，不日便能存到一筆可觀的存款。」

查爾斯·希克斯先生倡導的儲蓄運動在社會上引發了強烈的反響。希克斯先生此前就職於哈德斯菲爾德銀行公司，在擔任出納期間，他主張公司應該與企業擴充機構聯合，這樣雙方都能獲得顯著發展。他認為，與其只教會年輕人書本知識，不如教他們勤儉節約的美德更為實用；而這對社會的發展也有重大貢獻。在他看來，當代最大的惡行之一便是濫用金錢。他指出：「那些收入高的人，他們家人的生活遠不如收入低的人，因為他們只追求眼前的舒適，被虛榮心矇蔽。因此，這種人不會對

第八章　在貧困中創造價值

聖潔和知識有任何興趣的。」

希克斯先生引用了一個例子，闡釋了現代人奢侈浪費的可悲現象。他引述了一家紡織廠的案例：這家廠已經營運了25年，從未停工超過一週。但最近的調查發現，儘管機器化提高了工人的收入，每週約27先令，甚至有不少家庭年收入達100至150英鎊，但他們卻沒有節儉的意識，反而過著揮霍無度的生活方式。在參觀工人的住宅後，希克斯先生深感失望，因為他們的房屋不但環境惡劣，更充斥著亂象。相比之下，收入較低的工人家庭卻舒適整潔，並且有一定的積蓄。另一位開明企業家更在銀行為工人開立了700個儲蓄帳戶，但是大部分工人最終還是提取了存款，只有少數人真正把它當作儲蓄。這些事實遺憾地反映出金錢富足並不等同於理財有道。

最後，希克斯先生建議，在工廠協會任命一個儲蓄委員會以激勵員工儲蓄，並每週接收一次會員或者非會員的存款。

希克斯先生進一步指出：「倘若每家工廠都能以同理心和友善的態度成立儲蓄委員會，藉此鼓勵、邀請甚至誘導員工儲蓄，那麼我們便能培養勞工階級勤儉節約和自我約束的習慣。如此一來，他們的生活之路必將充滿希望與光明。一旦培養出這些良好習慣，自我約束的道路也將會一帆風順。」

越來越多機構採用了這個方案。在納克郡地區，與主要機械協會相關的初級儲蓄銀行很快就建立了起來。哈德斯菲爾德、哈利法克斯、布蘭福德、里茲和約克等地的機構所建立的儲蓄銀行都取得了極大的成功。在哈利法克斯，由一家核心銀行和七家分支機構組成的便士銀行，其每年的儲戶數量和人均存款額都不斷增加。而在布蘭福德，便士銀行共設有14家，待儲戶養成良好的儲蓄習慣，累積了大筆存款後，便會轉

入普通儲蓄銀行繼續存款。

　　格拉斯哥地區有著 36 家便士銀行。一份報告指出「恣意揮霍小額零錢的習慣，恐將滋生奢侈浪費的陋習。」研究機構認為透過便士銀行進行小額儲蓄，可為儲蓄銀行的發展帶來良機。法漢姆雖為小縣，但接納了 150 名由便士銀行提供的儲戶。便士銀行不過是存放小額存款的安全港，故當年約有三分之二的存款被提取，用以支付房租、添置服飾、置辦家具，或償還帳單等，因此便士銀行被稱作窮人的錢囊。很多在便士銀行的儲戶大都沒有超過 6 便士的存款額，平均不超過 1 先令，大多數儲戶為最窮困的勞動人民，並且在此前很少有儲蓄習慣。德比克拉克先生力挺便士銀行的推廣，稱「德比便士銀行十分之一的儲戶，正是以湊足 3 便士或 4 便士的零用錢為目的而進行的儲蓄。」

　　社會下層階級的儲蓄能力遠不及高收入階層。縱使手頭有錢，他們也常將之花費在酒館歡娛之上。因此，當布特尼某家便士銀行完成年底結算後，一位在委員會任職的酒商感嘆道：「人們至少少喝了 30,000 品脫的酒，這些儲蓄正是最佳證明。」

　　令人敬佩的是，一些人即使生活困境重重，仍秉持著一份積極和樂觀的態度。在約克郡的某家便士銀行，一位依靠救濟金維生的老人正在存錢，希望能夠購買一件上衣。此外，還有一些儲戶正透過存款，計劃購買鬧鐘、樂器，或安排一次不太遠的火車旅行。儘管生活條件艱難，他們都保持著追求美好生活的心願，令人動容。

　　便士銀行的主顧群體正是年輕男子，因為這裡孕育著他們實現理想的希望。那些出身哈德斯菲爾德工廠的小夥子們，總是在領到薪水後便紛紛前往便士銀行存款，他們相互鼓舞，不甘落後的心態促使他們養成節儉的美德。各人都有不同的儲蓄目標，有人想買工具；有人想買手錶；

第八章　在貧困中創造價值

也有人想購買語法書或詞典。

這些年輕人不僅秉持著勤儉節約的優良品德，還擁有一顆善良的心。某日夜間，一名男孩前往便士銀行請求提取 1 英鎊 10 先令，然而依據銀行規定，任何高於 20 先令的提款須提前一週通知銀行，因此，銀行職員有些猶豫是否該滿足其要求。此時，男孩解釋道：「這筆錢是為了支付我母親的房租，她正為此備受煎熬；而我所有的物品皆屬於母親。」還有一名年輕人沒有提前預約便要提取 20 英鎊，他對銀行職員說：「我的兄弟即將入伍服役，母親為此感到十分沮喪，我需要用這筆錢免除他的兵役。」

儲蓄銀行不僅僅是謀求自身利益，也給予儲戶許多幫助及力量。存款為人們提供一定財富，使他們免於負債；更重要的是，當家庭遭遇不幸時，儲蓄幫助提供援助。此舉令人深感敬佩。幾乎所有就讀貧民免費學校的孩子均為便士銀行儲戶，這些學生們不負眾望，每年存款超過 8,880 英鎊，累計存款高達 25,637 英鎊。既然貧困學童能學會儲蓄，那麼收入較高的英國工人和技工理應比他們做得更好。

便士銀行的另一個作用，便是激發人們爭相儲蓄的風氣。例如，孩子的存款習慣很快就會對父母產生影響，使父母也跟孩子一起這樣做。如此一來，良好的氛圍便形成了。存摺不僅是儲戶的通行證，也是其重要的證明。

金融機構為其客戶建立了「分類項目」，存摺上記錄了這些帳目，客戶連續存款，他的帳戶上就會顯現每一次的存款日期。此外，銀行還將為客戶提供 2.5% 的年利率。客戶可隨時提取存款，但是若提取的金額超過 20 先令，則需提前一週預約；若低於 20 先令，則無需任何預約手續。

存摺是儲蓄歷史的證明，上面的內容讓主人的父母以及兄弟姊妹都

充滿好奇。主人也因此而獲得了「優秀的青年」的美譽，成為優良品德的代表。若他的主人父母是聰明人，自然會與子女共同參與此項值得嘉許的行為，在領到薪資的夜晚同孩子前往銀行，各自存入個人儲蓄。

有一天夜晚，一位體格壯實、穿著工服的男子來到布蘭德福儲蓄銀行。他懷中抱著一個孩子，身邊還跟著另外兩個孩子。這名男子從口袋中取出三本存摺和 10 先令，放在櫃臺上，要求將相同金額存入每一本存摺。一邊照顧懷中的孩子，他一邊說：「從前是孩子的母親帶他們來存錢的，但是自從上次之後，她就離開了。現在我必須效法她的做法，盡到教育孩子們儲蓄的責任。」這位男子的舉動令人動容，展現了他對家庭的責任感和愛護之情。

近日，希克斯先生外出辦公時，在火車的二等車廂遇到一位穿著體面的工人。在交談中，他得知對方正在利用假期從謝菲爾德返回格拉斯哥探望母親。希克斯先生愉悅地告知對方：「看到你長途跋涉只為探望母親，我感到非常欣慰。」工人笑著回答：「是的，我也很慶幸能負擔起這次旅程的開銷。」希克斯詢問：「你所在的工廠，有多少同事也有存款習慣？」工人遺憾地回道：「100 人之中，最多也只有兩三個人有存款。他們寧可把錢花在酒上，也不願意存進銀行。」希克斯又問：「那你是從什麼時候開始存錢的？」工人一邊比劃著孩童的身高，一邊回答：「從小時候開始，我就在附近的便士銀行存錢，一直到現在。」

如今，經濟學已躍升為公立學校的必修課程，它的廣泛應用源自於早期儲蓄銀行的成就。來自塞克斯郡的克萊朗先生力推與儲蓄銀行密切相關的便士銀行，他將貨幣的本質、價值、用途，與支出、贈與及儲蓄融會貫通，編撰成課程教導貧困孩童儉約的習慣，從而深深影響了下一代對金錢的正確觀念。

第八章　在貧困中創造價值

在比利時各學校中，節儉已成為教育的一部分，持續實施 8 年。根特學校的委員會認為，勞動階級是否具備良好品格、享有物質福祉，皆取決於儲蓄習慣的養成。他們認為，從幼年教導孩子們節約是最有效的方式，使人類明白儲蓄的重要性。年幼的孩子尚未形成固定思維和習慣，因此最容易培養儲蓄態度。在教師的指導下，孩子們必定能養成節儉的習慣，如節省零用金以達成目標。每所根特學校均設有適合兒童的儲蓄銀行。無論貧富，養成節儉習慣都是必要且有益的，因此，在付費與免費學校開設經濟課程深受大眾認同。根特兒童的總儲蓄額已達 18,000 英鎊，且以 3％利息轉存至國家儲蓄銀行。荷蘭、法國、義大利等國紛紛仿效，英國部分地區如格拉斯哥、利物浦等也採行此制。

從上述論述中可見，儉樸在相當程度上成為小額存款的先決條件。只要設有儲蓄機構，自然也就有人存款。例如，軍隊成立儲蓄銀行以來，士兵開始學會節省，力求從有限的收入中節省更多；而自從便士銀行創立後，存款人更是絡繹不絕，連免費學校的學生也累積了不少積蓄。根特的學校銀行更是最好的案例。

古斯利博士在 1860 年創作了一本探討貧民免費教育的書。他在書中指出：「從事工廠勞動的年輕人很難抗拒外界的誘惑。他們沉淪於酒館或酒店之中，周圍亦被各種物質享受所包圍；他們視儲蓄銀行為無用之地。酒館遍布城鎮的大街小巷，浪費之風無所不在，節儉因此成為被人所忽視的品德。酗酒腐蝕了人們的生活，酒館生意日隆，即使到了深夜仍燈火通明，尤其是在週末。人們沉溺於酒精帶來的迷醉之中，即使有人有存錢之意，也不得不長途跋涉至一週僅開放一兩次的偏遠儲蓄銀行。」

殷切關注貧困階層的人士力圖在全國各地建立完善的儲蓄銀行體系，因此提出了諸多建議。維特布萊德先生於 1807 年向國會提交了一份

關於儲蓄銀行的議案，他的主要目標是在倫敦設立儲蓄代辦機構，協助民眾透過郵政系統存款至倫敦；此外，他還建議成立全國保險協會，使工人只需繳納保費，即可在遭遇意外時獲得 200 英鎊的保險金及 20 英鎊的養老金。然而，維特布萊德先生的議案最終未獲批准。

在洛蘭德·希爾爵士的建言下，郵政系統煥成為了公共機構。1838 年建立的貨幣郵匯機構不僅可以辦理匯款業務，還逐漸發展成為儲蓄管道。1852 年，著名學者漢考克教授為了解決郵政儲蓄的相關問題，撰寫了一本書。著名律師約翰·布拉先生也曾在帕特尼便士銀行任職期間，對此深入研究。1856 年 11 月，他向郵政高層建議將貨幣郵匯機構擴展為儲蓄機構，但未獲認同。此後幾年，休謨先生、麥考昆達爾先生、斯瓊上尉和雷·斯密先生等人再次提出類似建議。

洛蘭德·希爾爵士

然而，直至哈德斯莫爾德的希克斯先生介入此事，他們的建議才得以付諸實行。優質的建議往往能引發人們的思想激盪，實用的提議最終也能獲得大眾的肯定，使其得以實現。而創新的構想總能激發人們的創造欲望，最終取得成功。嘗試新事物或會在剛開始失敗，但是只要具備

第八章　在貧困中創造價值

深厚學識、豐富經歷及堅持不懈的精神，肯定能獲得勝利。

郵政儲蓄銀行的卓越成功需要歸功於諸多人物的傑出貢獻。首先，維特布蘭德先生及其他所有提供寶貴建議的人功不可沒。其次，洛蘭德·希爾爵士提議建立貨幣郵匯系統的分支機構，為該計劃的實施奠定了基礎。此外，希克斯先生自 1850 年起便致力於此項事業，並不懈的推動，最終引起了幾任財政大臣的重視。最後，格萊斯頓先生預見郵政儲蓄銀行將為社會帶來巨大利益，並向國會提出議案，最終於 1861 年獲得批准。可以說，這些傑出人物的智慧和努力，共同造就了郵政儲蓄銀行的輝煌成就。

郵政系統中的貨幣郵匯部門已向希克斯先生及其相關方發出通告，並建立了一套全國性的郵政儲蓄銀行營運機制。如果地方檢察院發現某地一週有 5 筆匯款單需要辦理時，便會在當地設立一家郵政匯款機構，這些機構平均距離居民家庭僅 3 英里，且全天候營業。匯款人在這裡存款，並獲得憑據；直至收款人持憑據提取，款項一直由郵政保管。實際上，郵政部門成為了轉移貨幣的銀行，若收款人未及時提取，款項則會在郵政儲蓄中保留，從而延長資金保留期，並獲得相應的利息收益。這實現了銀行的本意與目的。

《郵政儲蓄銀行法規》獲得了廣泛認同。貨幣郵匯機構也取得了極大發展。自成立銀行以來，儲蓄機構如雨後春筍般地增加。直至 1873 年年底，儲戶人數已超過 150 萬，存款金額高達 2,100 萬英鎊。

郵政儲蓄銀行的優勢十分突出。首先，其分布廣泛，營業時間充裕，自上午 9 點至下午 6 點，週末六日則營業至晚上 9 點，方便儲戶依需求調整存款數字。儲戶可存入一先令或幾先令，然而一年內最高存款不得 30 英鎊。存款時，櫃員提供儲戶存摺，上面載有存款時間、金額

及銀行管理細則。郵政儲蓄銀行規定100英鎊存款的年利息為2英鎊10先令。

在安全性方面，郵政儲蓄銀行也處於優勢地位。政府對儲存在郵政銀行的所有存款負有擔保責任，使得這筆款項猶如存放在英格蘭銀行一般安全可靠。更為重要的是，儲戶如果需要將存款轉移至其他地方，無需繳納任何費用；提取存款時也相當便利。此外，郵政儲蓄銀行嚴格恪守對儲戶姓名及存款金額的保密承諾，絕不會向外洩漏。

查爾斯·希克斯先生無疑是便士銀行與郵政儲蓄銀行發展過程中的重要人物。身為一位私人銀行家的兒子，他年輕時就展現出了傑出的才智，並曾獲得一套富蘭克林博士的著作《散文與通訊》。這套書對他產生了深刻的影響，使他深深認同富蘭克林所倡導的儲蓄理念。希克斯先生注意到哈德斯菲爾德這個工業繁華但是經濟並不穩定的城市，他常勸說當地工人要學習富蘭克林的儲蓄智慧，以應對經濟蕭條的衝擊。他深知如果工人們沒有儲存資金，一旦經濟不景氣，就只能無奈地流落街頭靠乞討度日。因此，希克斯先生一直努力推廣富蘭克林的理念，希望幫助普通百姓建立起應對風險的能力。

在英格蘭德斯菲爾德銀行工作的希克斯先生敏銳地察覺到了普通勞工階層具有的儲蓄潛力。1833年，蘇格蘭銀行董事會挑選了一位蘇格蘭人擔任銀行經理。董事會最初規定，每個儲戶每次至少存10英鎊，目的是培養人們勤儉節約的習慣。希克斯先生觀察到蘇格蘭農民為節儉做出的一些趣事；他還得知，一家伯斯銀行的效益很好，每年支付的利息至少有2,000英鎊，基本上每個儲戶都能得到10到20英鎊的利息。希克斯先生於1837年成為銀行公司的出納，因此有了很多與工人階級直接接觸、交流的機會。他以自己的思考方式來看待工人階級節儉的情況，日

第八章　在貧困中創造價值

子一天天過去，希克斯先生發現，很多儲戶第一次儲蓄都只有 10 英鎊到 20 英鎊，他們以這個金額為起點，不斷地往里存錢，慢慢地，儲戶們的存款金額會變為 100 英鎊，200 英鎊，甚至有人達到了 300 英鎊。希克斯先生感悟到，只要所有的工人都可以像來哈德斯菲爾德銀行存錢的工人那樣勤儉節約、積極儲蓄，那麼工人階級的生活水準將會大幅提高。

然而就在此刻，經濟陷入了嚴重困境，幾乎所有的紡織工人都失去了工作。貧困的景象遍布國內，針對不幸和困厄，人們想出了各種對策。人們放棄最激進、最不切實際的理論，開始思考社會主義、憲章運動以及自由貿易等可行方案。雖然陷入黑暗的時刻，但是仍有人對未來滿懷希望，依靠股份制銀行或儲蓄銀行的存款維生，熬過艱難歲月，直到繁榮時代再次降臨。希克斯先生堅信自由貿易，認為只要人們養成節儉習慣，不輕信那些空談的預言，國家必將重拾繁榮。

希克斯先生在與工人的多次交流中深有感悟，他認為立法機構對於許多社會問題束手無策，例如無法強迫民眾養成樸素節儉的習慣。一位擁有五百名紡織工人的老闆告訴希克斯先生，在經濟繁榮期間，工人薪資比較高，就業機會也比較多，因此他希望工人能夠儲蓄以備不時之需，然而，工人們只注重當前的舒適生活，絲毫不了解儲蓄的目的。儘管經濟週期波動不穩定，景氣與蕭條總是交替出現，人們一次次吃盡了苦頭，但是這些卻並未教會他們如何避免不幸再次降臨。就在此時，希克斯先生閱讀了已故的薩姆大主教撰寫的《發明的記錄》，其中有一句話深深啟發他：「唯有改善自身條件，窮人方能成為自己生活的主人。」

簡單的言語觸動了希克斯先生的心靈，也促使他重新思考自己的觀點與立場。慈善事業雖以善良為根基，但是對於救濟對象來說，常常是有害無益的。倘若人性中最高尚的品性——自我約束和自力更生，能

與勞動階層的思想融合，任何障礙與挫折都將不足畏懼。希克斯先生發現，即便勞動階層已有了豐厚財富，卻仍難免陷入貧困。因此，他意識到唯有培養他們勤儉節約的習慣，才能使他們過上安康穩定的生活，社會面貌也將因此日益改善。於是他下定決心，要盡自己所能達成這個目標。

1850 年代，儲蓄銀行一週的營業時間僅有幾個小時。哈德斯菲爾德工人年收入高達 40 英鎊，然而在儲蓄銀行建立的 30 年間，該地區的總儲蓄額僅 74,332 英鎊。1850 年《里茲水星》的編輯接獲一封來自希克斯先生的匿名信，之後，他應大眾的要求公開了身分。希克斯在這封信中提倡建立機械協會，並建議各團體設立便士儲蓄銀行，為此他列舉了諸多事實希望獲得支持。此外，他還總結了年輕勞工缺乏勤儉節約及存款習慣的原因。

希克斯先生的這封信廣受好評，約克郡機械協會上下一致地給予高度重視及支持。便士銀行遍布約克郡的各個機械協會，希克斯先生也親自管理哈德斯菲爾德的一家便士銀行，截至他就任的時間，該行的存款總額高達 30,000 英鎊。有了便士銀行，哈德斯菲爾德的工人逐漸培養出勤儉節約、積極儲蓄的習慣。自 1850 年開始，他們的儲蓄額不斷攀升，到了 1874 年已從原來的 74,000 英鎊增加至 330,000 英鎊。可以肯定的是，希克斯先生的切身實踐為便士銀行奠定了良好的基礎。

1854 年，希克斯先生出版了《金色歲月——儲蓄與家庭》，受到了大家的歡迎。他也越來越關注儲蓄銀行的現狀，結果卻訝異地發現它們與當時的國家相關條例有偏差，於是，他與科內華·路易斯爵士進行長談。爵士要求希克斯先生以書信形式詳細闡述他的觀點，於是他撰寫了《論儲蓄銀行改革》。在這本書中，希克斯堅持政府應為儲蓄銀行存款作

第八章　在貧困中創造價值

擔保的主張,然而仍舊遭到拒絕。失望之餘,希克斯先生開始公開討論有關郵政儲蓄銀行的問題,但是國會仍舊沒有採取任何改善措施,這令他深感沮喪。儘管如此,希克斯先生依然堅信「儲蓄銀行是真正的人民銀行」,只是實現目標的那天似乎遙不可及。就在絕望中,他突然萌生了一個想法:現有的貨幣郵匯系統,或許可以成為人民儲蓄銀行的基礎。

住在里茲的貝思斯先生是希克斯先生最好的朋友。於是,希克斯先生寫信給他,告訴他自己的計畫。洛蘭德‧希爾勳爵看過他的信後,也非常贊同他的想法,並仔細考慮了這個計劃的可行性,那就是——郵政系統是否能夠接受這個建議。此後,格萊斯頓先生也注意到了這個計劃,於是他向國會提出了在全國建立郵政儲蓄銀行的議案。在社會科學協會上,希克斯先生曾預言:「只要開始實施計劃,郵政儲蓄銀行就必定能夠成功。無論何時,只要銀行門一開,財富就會源源不斷而來。存款可以培養人們的自我克制能力,人們會因此過上高尚的生活。漸漸地,他們就會意識到奢侈和浪費是多麼可惡,只有勤儉節約才能使他們過上安康無憂的生活。於是,大家不再賒帳,準時支付房租,家庭也會變得越來越舒適;勤勞、節儉會成為家庭最良好的傳統。在榜樣的帶動下,他們也會開始把收入的一定比例存起來,這樣一來,即使突如其來的不幸降臨或經濟蕭條,他們也能依靠存款渡過難關;而在情況好轉時,他們又可以繼續存款。這個方案如果通過了,儲蓄銀行就能夠為每個工人家庭提供便利條件。我相信,整個國家的人民會因此養成深謀遠慮與自我克制的習慣。對個人而言,它具有永恆的價值;對於國家而言,它是安全的保障。」

遺憾的是,勞工階級並未充分利用郵政儲蓄銀行提供的便利條件。以伯明翰地區為例,當地工匠屬於收入最高的階層之一,然而,在郵政

儲蓄銀行的儲戶名單上，很少見到工匠的身影，他們的排名甚至低於僕人、未婚或已婚婦女以及礦工。儘管工匠可能將積蓄用於其他投資，但是無論如何，他們只占郵政儲蓄總儲戶的十分之一。

經過一項針對一萬名儲戶的職業調查結果顯示，儲蓄總額排名前三位分別為：僕人、已婚或未婚女性，以及「無業」或「無固定職業」人群，接著依次為工匠、小工、礦工、商人、士兵、船員、職員、女式服裝製造商、專業人士和官員。這個排名表明，郵政儲蓄制度尚未完全融入社會，仍需進一步發展。

第八章　在貧困中創造價值

第九章　花好每一分錢

平和、舒適以及寧靜,皆源自種種微不足道的堆積。多關愛你的家人和朋友,便能感受家庭賜予的溫馨。

—— 罕納‧莫爾

若能做到收支平衡,則口袋永遠不會見底。然而若忽視細節,必將被這些小事情摧毀。

—— 所羅門箴言

財富如同火焰,你以為它是有用的僕人,但轉眼之間它便化作可怕的主人。

—— 卡萊爾

第九章　花好每一分錢

　　大多數人往往忽視了那些微小而繁瑣的細節，因而會遭遇意料之外的災難。事實上，人生由無數微小的事情組成，雖然這些小事並非十分重要，但是我們處理它們的方式卻可以決定我們的幸福和成功。正是透過對待這些微不足道的小事，我們才得以培養出良好的品格，因為每一件小事都需要我們恰當、合理地應對。商界的成功人士正是由於重視小事而得以崛起。若能有條不紊地處理家中每一件小事，生活在其中的人必能感受到家的溫暖和舒適。若想成為出色的公務員，同樣需要循序漸進地實現人民的需求，注重民眾所需的點點滴滴。

　　生活中最寶貴的智慧與經驗往往來自於日常的點滴累積而成。有些人輕視生活中的細節，因此一事無成，淪為失敗者。這樣的人傾向於認為世界在與他們作對，但實際上，他們才是摧毀自己的罪魁禍首。長久以來，人們相信「好運氣」的說法，但是它難以像真理般被廣泛信服。人們逐漸明白，只有勤奮才能帶來幸運，換言之，一個人的成就與其付出的努力和對細節的關注程度成正比。若是一個粗心、遊手好閒、懶散的人，那麼好運永遠不會降臨，因為勤奮而得的果實不應該被毫無付出的人占有。

　　事實上，運氣並不能完全改變一個人的生活或命運，但是勤奮的工作卻能真正塑造一個人的人生。曾有一位美國作家說，運氣僅是人們在等待一個事物的出現；勞動則是人們運用敏銳的眼睛和堅毅的意志去發現一個事物。投機者只會賴在床上，用渴望的眼神遙望窗外的郵差，希望收到繼承豐厚遺產的好消息；然而勞動者，卻會在黎明時分起床，迎接初升的太陽，以勤勉的筆或是揮動的鐵錘為未來的成功奠定基礎。投機者常對周遭事物產生不滿，怨聲載道；但是勞動者卻擁有優秀的品格。投機者最終只會滑向放縱、墮落的深淵，而勞動者則能昂首闊步地過著獨立自主的生活。

家庭生活中的一些微小細節往往蘊藏著重要的影響力。保持室內整潔清爽，例如定期清掃地板、擦拭桌椅、洗滌餐具等，皆是關愛家庭的體現。若能營造出精神和物質上都令人舒適的家居環境，必能培養人們的高尚品性。然而，看不到的的室內空氣也不容忽視，若屋舍無法定期換上新鮮、純淨的空氣，必將為家人帶來不適。即便某些細微之處看似無關緊要，但是一旦導致疾病，甚至是生命危險，便會清楚地顯現其重要性，灰塵和汙濁的空氣對健康的危害不容忽視。可見，家務勞動中看似瑣碎的小事，往往意義深遠，值得我們用心對待。

一枚小小的別針在琳瑯滿目的服裝飾品中微不足道，然而人們可藉由它在服飾上的佩戴方式洞察一個人的性格。曾有一位年輕聰明的青年有意尋覓自己鍾愛的妻子，於是前往一個擁有多位女兒的家庭中。有一天，當他拜訪心儀女孩的房間時，發現她的衣衫未經別針整理，頭髮也很散亂，於是這名青年遂放棄了這份愛意，再也不到這位女孩的家了。或許有人認為這位青年也並無特別之處，但是實際上他是一個極為聰明的人。後來他成為了一名優秀的丈夫，因為他明白如何透過對一些微小細節的判斷，辨識哪位女性最適合擔任他的妻子，這無疑是一種正確的做法。

一位藥劑師欲聘用一名助手，以協助經營他的店舖。一時間收到了許多年輕人的申請，他將這些應徵者邀請至店舖內，用一個簡單的考驗挑選助手，他要求應徵者將價值一便士的鹽置入口袋中。藉此，藥劑師得以選拔出一位處事最為乾淨俐落、熟練的人選。

忽視微小的事物可能導致極大的金錢損失，即使是大企業也無法逃脫這種影響。曾有一艘載滿商品的商船在返回途中不幸沉沒，在此之前，工作人員發現船底有一個極小的破洞，但是他們忽視了這個微不足

第九章　花好每一分錢

道的問題，最後，這個疏忽造成了慘劇。少了一枚馬蹄釘，馬蹄就會損壞；馬蹄損壞後，一匹優秀的戰馬便毀於一旦；失去勇猛的戰馬，騎在上面的勇士也難逃被敵人殺害的命運；如此一來，整個國家的軍隊就會因此蕩然無存。而導致這一連串結果的根源，竟然是一枚沒有固定好的小小馬蹄釘。

對於那些忽視微小細節的人而言，常常會說出「可以，沒問題」之類的話語。然而，正是因為這句話的存在，使得無數人喪失了高尚品格，船隻沉入汪洋，房屋被無情的大火吞噬，許多寄予美好希望的事業毀於一旦。這句話常常阻礙事情的進展，它的猛然出現如絆腳石般，使通往成功的道路遍布荊棘。事實上，在處理微小的事情時，我們不能完全依靠「可以」來判斷，而是要明白如何做才是最可行的，這才是關鍵所在。讓一個人相信「可以，沒問題」的格言，無異於將其推入敵營，後果將難以想像。如此一來，該人只能淪為無能、失敗者，我們也不會對其寄予任何期望。

著名的法國政治經濟學家賽伊曾借一個例子，闡釋忽視微小細節所引發的嚴重後果。在一個鄉村農場，農場場主為了防止牲畜外逃而在周圍搭建了柵欄。由於缺少一枚價值僅數便士的插銷，柵欄大門常常敞開，農場場主不認為這點小事有何損害，因而一直放任大門敞開。不久後，家禽便接連失竊。有一天，一頭小豬竟跑了出去，農場場主命人全員出動尋找。園丁首先發現了小豬，但是在跳過一條水溝想攔截牠時，不幸扭傷了腳，只好放棄。而待園丁返回休養時，卻發現堆在廚房火爐旁的大塊亞麻布著了火；當牛奶工趕回時，才發現自己臨走前忘了拴好奶牛棚，一頭大奶牛竟踩斷了同欄小馬的腿。僅僅因為缺那麼一枚小小的插銷，短短幾天內，場主便損失了約5英鎊，加上失去的小豬，損失更是不可估量。一個

微不足道的小事引發了一連串嚴重的後果，令人深思。

環顧現實生活，此類情景隨處可見。若忽視瑣碎小事，厄運與災難便會倏然襲來。勤勞的雙手可以締造財富，但是不論男女，在辛勤工作之餘，皆應認真對待平凡無奇的小事，如同對待重大的大事一般，因為那些看似微不足道的細節，卻能對個人產生深遠影響。

眾所周知，一便士無疑是一枚微不足道的銅片。然而，這不起眼的銅幣，其價值與功能亦不容忽視。一便士或許可以兌換半杯啤酒，又或許可以用以購置一盒火柴，有時也可以施予幫助路邊的乞丐。可見，即使是如此微小的貨幣，在人類的生活中也扮演著舉足輕重的角色。關鍵在於如何妥善運用這一點點價值，從而增添人類福祉。

一位勤勉的人可透過全情投入工作而獲得優厚的薪資。然而若任由所賺辛苦錢從指縫間溜走，用於酗酒及享樂，他便會發現辛勤勞碌換來的生活，與那些靠體力勞動維生者並無多大差異。相反，若能珍惜每一分錢，定期向互助協會或保險基金會繳納少額費用，並將餘款存入銀行，他必能感受到關注細節與用心經營的豐碩回報。如此不僅擺脫拮据生活，也無須為未來的生活憂心。

儲蓄是逐步累積的過程，由少變多，由小變大，這體現了「積少成多」的道理。單枚銅板累積起來，也可以成為英鎊。因此，逐步累積便士，也等同於開始累積英鎊。從某種角度而言，儲蓄意味著享有舒適、充裕、富足的生活，也能促進個人獨立自主。然而，我們必須依靠自身的勤勉努力，透過誠實勞動獲得應得報酬。因為憑藉誠實勞動所得，即使僅有一枚銅板，也勝過透過欺騙而得到的一先令。蘇格蘭有兩句諺語道出此理：「他人餽贈的美酒，終不如自己辛勤得來的醇香」；「鐵匠和他的銅板雖然不潔淨，但是他所得之財卻是乾淨的。」

第九章　花好每一分錢

倘若有人缺乏理財智慧，則必將陷入生活的苦痛與憂慮，因為各種不幸都將不期而至。倘能善用金錢，人們便能感到滿足與安全，因為儲蓄能確保未來生活，使人在疾病或年老時安享舒適。養成良好儲蓄習慣的人，自不會身陷囊中羞澀；而缺乏節儉心的人，則將面臨痛苦的人生。

即便是出身於社會底層的工人階級，只要他能以自己的行為向朋友和同事證明，勤勞、執著和仁慈的品德可以為家庭帶來改變，即便處於貧困之中，也不會比擅長言辭的雄辯家遜色分毫。若社會中多出幾個如此的人，他們的影響力必將在社會中發酵。對於一個意義非凡的人生軌跡，我們用再多的調查來歌頌也不為過，因為實際事例比空洞的詞語更有說服力。人們以智慧行動，從而彰顯了這種智慧的價值。

從一個人的生活習慣中，我們可以窺見他的道德修養和社會地位。舉例來說，同一個行業，收入相同的兩人，其受到的尊重程度卻大不相同。前者自由自在，隨心所欲，居住在舒適整潔的屋子裡，衣著大方得體，子女接受良好教育。後者則像一名奴隸，受某種枷鎖束縛，居住簡陋，衣衫襤褸，子女無法接受良好教育。前者在閒暇時光光顧書店，並從中找到快樂，但是後者毫無幸福可言，更談不上追求快樂了。兩人薪資一致，生活竟如此懸殊。

原因就在於，前者具備勤勉和仔細的性格特質，而後者則缺乏這些；前者能將自己所得的好處分享給家庭，但是後者卻無法自我約束，以「今朝有酒今朝醉」的心態度日；前者是一個有智慧的人，他視自己的家庭為幸福的根源，相反地，後者對家庭和家人毫不關心，只會將賺來的錢花費在酒肆之中；前者的目光朝上，而後者恰恰相反；前者的生活標準很高，但是後者卻僅需飲酒即可感到滿足。因此，前者會將錢存入銀行，而後者則會在酒館揮霍金錢。

一天傍晚，一名工人在下班路上對另一名工人說道：「朋友，能告訴我你的生活方式嗎？你是如何讓家人穿得那麼好，銀行裡還有存款呢？我們的薪資差不多，孩子數量也差不多，為何我家晚餐連一點肉都買不起呢？」

「那好，我來告訴你原因。其實道理非常簡單，所有的祕密就在於你是否認真仔細地花每一分錢！」

「怎麼，這就是你給我的回答嗎，蘭森？」

「當然，這還是過好日子的祕訣呢。關於這個祕訣，世界上只有不到五十分之一的人才知道。就像你，傑克，你就不知道啊。」

「真的嗎？我竟然不知道。那麼，快告訴我，你是怎麼完成這些事情的。」

「好啊，我現在就把有關我的這個祕訣的一切都告訴你。但是，如果有的地方我說得太直，你不要生氣。第一點，我從來沒有在喝酒上花一分錢。」

「你真的分文未花？是因為你無力支付酒錢，還是你一直在喝別人買的酒呢？」

「告訴你吧，我根本就不喝酒，我只喝水，所以我的酒錢就省了下來。我不太希望自己因為喝酒而變得頭痛、手顫，所以省下了錢。而且喝白開水既不會生病，也不會花費很多錢，這樣我就可以遠離債務的糾纏，更不會把老婆變成可憐的寡婦。僅僅在喝酒上，我們的花費就存在了很大的不同。算一下，僅這一項，每個星期我就比你多省下約 25 便士，這樣一年下來，我就比你多存下 7 英鎊。我們可以用這 7 英鎊給孩子、妻子買許多漂亮的衣服。但是你卻只能長年都穿著一件露肘的破衣服，你的孩子更是可憐得沒有鞋穿。」

第九章　花好每一分錢

「別說我的衣服啦！事實上我也沒有喝很多酒啊，我只是偶爾才喝半品脫酒，一個星期我也沒有花上 10 多個便士。」

「真的嗎？那麼好吧，我們現在來算算帳，上週六晚上你喝酒總共花了多少錢？」

「讓我想想，上週六，我跟約翰喝了半品脫；後來又跟戴維斯喝了半品脫 —— 因為他即將前往澳洲。喝完後我就回家了。」

「那麼，你總共喝了幾杯？」

「哎呀，這個我怎麼能說清楚呢，我忘記了。但是大家都在喝酒，誰還記得喝了多少杯呢。」

「哦，你說不出喝了幾杯，難道你忘記了一晚上花了多少錢嗎？我相信你。但是朋友，你沒意識到，你的錢就是這樣一點點地溜走的。」

「哦，這便是你幸福生活的全部祕訣嗎？」

「當然，就是這些。照管好你的每一個便士 —— 幸福生活的基礎。因為我的節省，我擁有你沒有的幸福。道理很簡單，不是嗎？」

「的確，它確實非常簡單。然而，在這種簡單中存在什麼東西嗎？」

「是的，這里面有很多東西呢！你不是問為什麼我能夠使我的家庭生活得如此舒適、愉快，並且銀行里還有一部分存款，而你雖然拿著和我一樣多的工資，卻買不起晚餐的肉嗎？其實錢是靠我們一便士一便士地存出來的。雖然我們同樣辛苦地工作，但是我不希望把這筆血汗錢輕易地花在喝酒上，因此我把一部分錢存在了銀行，以防將來急用。傑克，這就是這種簡單的道理中存在的東西。此外，你還可以毫無顧慮地這樣想，將來在我的身上，無論發生什麼事情，我都不必去做苦力，甚至不會沿街行乞。那些經常被債務所困的人，或者是身無分文的人，不比奴

隸強多少。」

「然而，倘若我們擁有自己的政治權利，那麼窮人就不再會過這樣的生活了。」

「為什麼你會這樣想？傑克，如果明天你就擁有自己的政治權利，你能夠重新收回你曾經揮霍掉的錢嗎？當你將給孩子買鞋襪的錢花在了啤酒上時，你的政治權利可以把鞋襪還給你的孩子嗎？你所擁有的政治權利能夠使你家的壁爐更乾淨整潔嗎？它能夠為你的孩子洗臉、穿衣，縫補破爛的衣服嗎？不，當然不會。我的朋友，我們當然需要自己的政治權利，但是政治權利不是所有，它也不是習慣。在我們的生活中，我們最需要的是良好的習慣。只要我們擁有良好的生活習慣，我們就能夠自由地生活，做自己的主人，而不會再依賴別人的施捨過活。」

「時間不早了，傑克，我得回家了。請記住我傳授給你的祕訣——妥善管理每一個便士，這樣你會累積到更多的英鎊。」

「晚安！感謝你的祕訣。」

於是傑克回到了他位於梅恩區那粗糙、簡陋的破房子。對於他的居所，我們不得不做些描述：這處所勉強稱得上是個家，到處都是破敗的景象，一群渾身髒兮兮的孩子在雜亂的地上奔跑著，揚起陣陣灰塵；一個看似粗魯的女人正在屋子中央唾沫橫飛地罵著什麼。相較之下，蘭森的家可謂完全不同：整潔舒適，溫馨怡人；壁爐上鋪著嶄新的沙子；雖然蘭森的妻子雙手布滿老繭，卻都是勤勞工作的結果。正是這些老繭，使得蘭森的家能維持如此的整潔與舒適。當蘭森一天勞作完畢，回到如此溫馨的家中，心中是多麼的愉悅啊！

蘭森的幸福生活祕訣至今仍適用於每一個家庭。然而，他並未向友人全盤托出實情，因為不忍直言，生活安康、家庭和睦的根本因素之一

第九章　花好每一分錢

在於配偶。事實上，若無賢慧妻子的協助，丈夫很難能夠節儉，家庭也難稱得上溫馨。

或許有人會質疑：一天累積一便士，最終所得不過杯水車薪。然而，仔細計算下來，這些積少成多的存款結果卻是令人欣喜的。只要妥善地規劃開支，這些積蓄不僅足以解決債務困擾，更可避免未來家人面臨貧困或疾病等突如其來的災難。

一便士的累積也能發揮巨大的力量。雖然每天存下一便士，金錢的增值方式較慢，但是其中蘊含的價值卻不可小覷。透過保險公司的保險承諾，這微不足道的一便士得以轉化為可觀的金額。例如，如果一位31歲的男士每天堅持繳納一便士，到其逝世時，便可為妻兒留下50英鎊。更可喜的是，這份保障金甚至可在繳費後的下個月或次年提前支取一部分。可見，將小額儲蓄集聚起來的做法，確實是一種頗為有效的財富累積之道。

約瑟夫‧巴克森戴爾是一位對普通勞工充滿同理心的人。因此在工作中，他深受工人們的喜愛，被視為他們最親密的朋友。他的處事風格有點像富蘭克林，熱情地運用超乎常人的智慧，向需要幫助的人伸出援手。他經常請僕人為街上淋雨的人送去雨傘，或為年邁的人準備生活必需品。他的僕人也是幸運的，因為在年老時，巴克森戴爾會給予他們優厚的退休金。

巴克森戴爾喜好在紙條上書寫一些至理名言，並將之貼於倉庫內牆，希望所有路經此地的人都能看到這些鼓舞人心的話。「永不氣餒。」「無功則無獲。」「把一切花光就會成為乞丐。」「光陰似箭。」「養成勤儉、耐心、節儉的生活習慣。」這些睿智的話語的確能夠被人們銘記於心，更有些人因為深受感召而真的付諸行動。

此外，巴克森戴爾也熱衷於向員工傳播更長、更經典的箴言。換言之，他希望能將自己的工作車間或談生意的場所布置得與這些箴言的氣氛相呼應。他殷切地希望大量印製這些箴言，貼於員工辦公室牆面，或擺放於常有人出入的地點，甚至掛在餐廳或更衣室內。這些箴言總是能產生一定影響。

現在，我們來具體探討一下巴克森戴爾所印刷的一篇關於守時的作品：

經營事業的關鍵在於方法的運用，但是遵守時間是運用方法的前提條件。遵守時間的重要性在於它有助於維持家庭和諧，營造良好氛圍。若無法遵守時間，不僅會損失這些利益，也可能完全喪失它帶來的安逸。遵時的人自有一種獨特魅力，若與這樣的人有約，對方必定能守約。遵守時間猶如我們的其他優點，也可以成為贏得他人尊重讚譽的美名。對於約會而言，遵時就像還清債務。若約你見面，理應恪守時間，更不應有遲到或缺席的理由。

約瑟夫·巴克森戴爾現在也許並不為人所知。事實上，他就是備受盛名的皮克伏德公司的老闆。這家公司在英格蘭，甚至是整個歐洲大陸上，可謂家喻戶曉。來自蘭卡斯特的巴克森戴爾先生，其父親是一位學識淵博的物理學家。從小接受良好教育的他，長大後涉足了棉紡業，最終來到倫敦，成為了公司的法人代表。在創業過程中，由於商業壓力沉重，巴克森戴爾曾一度想要退出棉紡業，轉向其他行業發展。這時的皮克伏德先生已經開始發展運輸業，卻因為資金短而缺陷入困境。於是，巴克森戴爾先生為他解決了資金問題，並間接地參與了運輸業的經營管理。然而不久之後，他發現生意並未有太大突破，主要原因在於管理不善，最終，巴克森戴爾先生主動深入參與工作，親手經營了這個企業。

第九章　花好每一分錢

　　巴克森戴爾先生全力投注於皮克伏德公司的事業發展。在該企業中，他組織了數個代理商，將其遍布英國各地。他亦增添了公路快車——相當於當今的快速鐵路服務；同時，他也設立了一些慢速列車——等同於現代的常規貨運火車。在那個時期，巴克森戴爾先生還充分利用現有的公路網，擴大了公司的運輸範圍，並在主要城市之間建立了公路快車網。事實上，由於種種原因，當時英國國內的主要道路狀況非常糟糕，幾乎難以順利將商品從一個地區運送到另一個地區。

　　對於這個廣泛且至關重要的行業而言，要妥善管理並非易事。不僅需要大量資金，更需要極強的精力和一流的管理方案。一位精明能幹、眼光遠矚的領導者是運輸業管理的關鍵。這項工作需要頭腦冷靜、處事果斷、精力充沛的人才能勝任。巴克森戴爾先生就是這樣一位稱職的管理者。他能乘坐快艇快速巡視河道，檢視員工是否就位，各站點是否開始運作，交通設施是否準備妥當。巴克森戴爾先生夜以繼日地工作，也會利用空檔時間乘著馬車在道路上飛馳。通常，他會給驛站管理員開出高薪，以確保他們能夠使用優質馬匹而不浪費寶貴時間。巴克森戴爾先生喜歡突擊檢查，會突然登上公司的運輸車輛，檢視員工精神狀態和行車情況。他還會檢查運輸人員是否攜帶短槍——因為路途中常有搶劫事件發生。

　　巴克森戴爾先生精通國內各道路的走向，常不期而遇地在小道上迎面遇到負責運輸的員工。由於無法確定他是位於前面還是後面，員工們隨時保持警惕和專注，認真地完成工作。透過種種手段，巴克森戴爾先生使企業持續發展壯大，並間接維護了英國運輸業的穩定。他細心顧及每個細節，使企業能夠井然有序地發展至今。

　　隨著這一切順利推進，英國的鐵路開始發揮作用。儘管布萊傑沃特

公爵曾經表示:「我看不出這些令人費解的鐵路有什麼用處。」但是鐵路時代已然降臨,無人能阻擋其前進的步伐。首條鐵路的建成發揮了重要作用,它將煤炭從礦場運輸到沿海地區,再由貨船運送至倫敦。南安普敦郡可謂交通最為發達的地區,此處第一條鐵路將利物浦和曼徹斯特連結在一起。不久之後,這兩座城市的鐵路網更是延伸至全國各地區。

巴克森戴爾先生無疑預見了鐵路運輸的未來優勢。他並未抗拒這個變革,而是主動適應,並參與其中。他洞悉並緩解了利物浦和曼徹斯特公司的運輸難題,最後更自行籌劃並建設了從伯明翰到倫敦的鐵路。隨後,他將陸運轉移至鐵路運輸,成為英國運輸業的一代巨擘,無論鐵路網如何擴展,其貨物運輸均能與之同步。

布萊傑沃特公爵

在鐵路運輸業界,巴克森戴爾先生享有一席之地。由於在東南運輸公司有著崇高的地位,他受邀出任該公司董事會主席。後來,他與威廉・邱比特共同將鐵路延伸至多弗。然而,多弗委員會並不願意與他們合作,並且對港口事務始終保持嚴格的控制。因此,巴克森戴爾先生果斷收購了東南運輸公司的伏克斯通港。此後,他肩負起修建布洛涅和亞眠

第九章　花好每一分錢

之間鐵路的任務，這個工程所需的資金幾乎全部源於英國，從此，倫敦與巴黎之間的輪船及鐵路交通有了直達。

由於過於投入於事業和鐵路建設，巴克森戴爾先生的健康遭到嚴重損害。為此，他外出休養一段時間。離開公司後，利物浦出現一個特殊的小團體，試圖另行任命董事會主席。因為他人的陰謀，巴克森戴爾先生失去了這個職位，但是他欣然接受辭職要求。這使他能專心從事所有喜歡的事情，並由兒子協助處理事務。對於行善，巴克森戴爾先生從未感到厭煩，不斷向助手、員工及雇員傳授良言箴語。藉由他留下的另一段警世言論，我們得以概括其一生。此箴言廣為員工傳頌，題為「警世箴言」。

「數月前，一名老員工發現在剛加入皮克伏德公司時，其薪酬偏低。然而，由於他做到了勤勉節儉，最終獲得了成功。他的座右銘是：『僅有一先令在手時不應當花掉九便士。』雖然這似乎微不足道，但若能堅持此理念二十次，即可節省 5 先令；持之以恆四十次，更可累積 10 英鎊。

年輕人如此規劃財富累積可謂明智無比。他計劃先獲得 20 英鎊的基礎財富，此後每年遞增 10 英鎊。如此一來，在 6 年後即可累積超過 100 英鎊的資產。倘若忽視了早期的累積，恐怕難以在未來歲月中獲得如此可觀的資金。

過去有些人長期佔有職場地位，獲取豐厚薪酬，卻未能妥善管理個人財務，這等同欺騙了現今從事相關事業的人。若他們能按部就班地規劃財務和積蓄，如今或許已躋身富裕階層，並受到社會的尊重。

我們今日所行善事的根基在於勤勉儉約。事實上，這並非難事，並非需要天才般的智慧，只要恆心不懈，人人皆可獲得他人敬意。『力爭上游的人，上帝都會助他一臂之力。』『只知享樂而不做事的人，終究會無事可為。』」

我們經常會因為一些瑣碎的事情而動怒、抱怨。如果我們一直鑽牛角尖，那麼我們就會迷失在這些抱怨中。讓我們盡職盡責地履行尊敬他人的義務吧；讓我們都遵守時間吧，不要把今天的事情推到明天來做。

如果現在的工作比平時緊張，那麼你就多做一些時間。這樣你的事情就不會呈現出一種混亂的狀態，你自己也不會成為造成浪費時間和被別人討厭的對象了。有時會出現這種現象，那些工作不夠仔細認真的人，常常會把一些附加的工作丟給那些希望準時下班的員工。

一些人出於善意而隱藏或遮掩他人的過錯，這樣的行為也是普遍存在的。然而，這樣做卻常常導致企業負責人損失大量的財力和物力。

近期發生的事情，使你們的注意力都轉移到了這個問題上：重視自己的公共地位和與其他人建立的關係是十分重要的。對於任何人來講，誠實是最有價值的；而說謊最能使他們感到羞愧。記住：人可以不說話，用行為說謊，但是所有虛假的行為都是一種謊言。

一位對雇主遭受的損失視而不見、未能及時解決問題的人，他不準時的行為也等同於說謊。

堂堂正正地做人，認認真真地做事，這樣就可以避免犯更多的錯誤。

即便我們很少能夠做一些驚天動地的大事，卻也不容忽視日常的瑣事。只要把握每個相互幫助的機會，便能全心全意地投入工作，使你的真誠、熱情和善良放出最耀眼的光芒。」

第九章　花好每一分錢

第十章　富有與偉大並存

　　即便在物質財富與地位方面未有重大收穫，能保持高貴品德與正直操守的人，內心依然充滿幸福與滿足。

—— 羅曼・羅蘭（Romain Rolland）

　　雖然勤勉勞動所結成的果實最終會消逝，但是其所產生的影響力卻是持久不滅的。

—— 莎士比亞

　　適當的謹慎可以維護勤勞的果實。然而，若以勤奮但是缺乏細心謹慎的態度工作，其收入必定難以持續累積。

—— 科爾頓

第十章　富有與偉大並存

　　為培養員工節儉、自律和謹慎的品德，雇主可以採取多項行動。雖然某些員工或許不願接受他人的施捨，但是他們定然不會拒絕他人對他的幫助。我們已經看到有一些員工經過培養，養成了節儉的習慣，能把收入的一部分存下，以備不時之需。在培養的同時，他們也需要鼓勵與支持，更需要同理心和協助。

　　在理解員工需求與福祉的基礎上，雇主有機會充分發揮影響力。若雇主能真誠地投入同理心與信任，不僅可以獲得員工的感激與熱忱，也能為整個社會帶來正面效益。比如，雇主可以考慮適合發薪的時間和地點，以免員工在週末揮霍金錢。此外，應該避免在酒吧發放薪資，也能防止員工過度飲酒、浪費。只要雇主願意付出，就可獲得豐厚的回報，造福員工與社會。然而，目前並未發現這類關懷員工福祉、注重社會效益的雇主案例。

　　嚴格而言，雇主可以為員工做的遠不止如此。在培養員工的節儉習慣方面，雇主更應主動出擊。比如為員工設立儲蓄銀行，為其子女設立零用錢儲蓄，鼓勵成立倡導儉樸生活理念的俱樂部或社團。員工可以自由參加，不受外人干涉，自主決定如何善用金錢。許多大企業已從推動的節儉社團中獲益，贏得了員工的尊重，促進了彼此更融洽的合作。

　　事實上，無論是雇主還是員工，都渴望獲得對方的同情和理解。這種渴望橫貫整個社會階層——從貧民到勞動者、中產階級乃至上流社會。但是不同的階層之間存在著難以踰越的鴻溝。正如著名的塔爾弗爾德法官臨終時所言：「若有人問我，英國社會最缺乏的是什麼，我會回答，缺乏階層之間的融合，換言之，就是人與人之間的同情心。」這種深刻見解卻未受到應有重視，在等級森嚴的地方，人們彼此疏離，失去了相互理解的機會，以致於難以獲得應有的尊重和關懷，更遑論真摯的

同情與友愛。

慈善行為並不能使窮人徹底脫離困境。施捨他們的錢、毯子、煤以及類似的物資總是有限的，但是最需要的是同情。許多紳士和淑女們在慈善活動中，僅僅是慷慨地施捨窮人金錢，卻沒有絲毫的同情心。窮人們不被人們認可是同屬於一個大家庭中的成員，他們甚至不被人們認為他們的胸膛內也跳動著一顆人類共有的熱血之心。

主人和僕人共同生活於一片缺乏同情的冰冷環境中。他們將「人各為己」作為人生座右銘。「我只需專注自己的游泳，無需理會他人的生死存亡。」在酒館中，侍者喚醒一名酩酊大醉的男子，告知他街邊發生了火災，那人卻回應道：「直到我隔壁的房舍起火之前，請勿打擾我。」當他人需要援手時，我們應該看到人性中最光明的一面。波林布魯克勳爵曾言：「任何事情都要做最壞的打算，因為我曾領教過最卑鄙的靈魂的厲害。」

另一方面，對於勞動階級人群而言，他們認為自身利益與雇主利益存在根本差異。他們期望能從自己的辛勤勞動中獲取更多回報，並希望社會對勞動價值的認可能夠提升，以確保獲得更高報酬。因此，兩個階級關注的重心歸根結柢只有金錢，他們之間不僅無同理心，還缺乏友誼，衝突難免發生。在各自領導者的支持下，兩個階級決意殊死一搏，因此我們見證了布萊斯頓、紐卡斯爾、倫敦和南威爾士等城市頻發的破壞性罷工事件。

對於爭鬥的雙方而言，取得真正的勝利乃是最佳結局，然而，這個過程也必然造成可怕的損失。雙方將陷入普遍的猜疑之中，社會亦將走向徹底的頹敗。在富人與窮人之間，單憑金錢施予無濟於事。除非懷有善良之心、凝聚手足之愛，否則，塔爾弗爾德法官臨終前所悲嘆的不幸與災難將難以避免。

第十章　富有與偉大並存

塔爾弗爾德法官

　　有人主張，人與人之間缺乏同理心的根源在於惡劣的競爭。他們指出，競爭必然意味著無情、自私與毀滅。據稱，競爭帶來了無數人悲慘與貧乏的命運，同時也被視為是導致物價動盪的主要原因。競爭被認為是一片罪惡的深淵，造就無窮無盡的負擔。

　　生活中的事物往往存有矛盾的兩面性。有些人反對競爭，但是也有人力挺競爭的存在。後者認為，競爭就是一種鬥爭。我們不得不承認，生活本身就是一種永恆的鬥爭。勞工階層間的競爭，是為了爭取更高的薪資；雇主們之間的競爭，則是為了從員工那裡獲取更多利潤；作家、傳教士和政客之間的競爭，則是為了贏得成功、聲望和金錢。與人類其他領域一樣，競爭中也蘊含著罪惡。一個人或一個階層比其他人或階層更成功，他們可能會將後者遠遠拋在後面，但是這並非是要讓後者變得更糟，而是要使自己變得更好。

　　若是抑制競爭，個人與社會發展的腳步勢必被壓制。如此將僅僅是維持一個呆滯單調、毫無變革的社會秩序，及其一成不變的制度。追究進步的動力消失了，世襲制度就連同它的一切弊端被永久地保存下來

了。停止競爭，就意味著抑制個人的奮鬥熱情，同時也抑制了個人的進步速度，而社會的發展進步也會隨之停止。

在激烈的競爭環境中生存，即便是最懶惰的人，也必須勤勉工作。若不努力，將被他人遠遠拋下；不工作，根本無法解決溫飽問題。親愛的朋友，切勿期待他人援助，我在處理自己的事務時，不會幫你完成分內工作。你必須獨立負責，學會累積經驗與財富，別寄望任何人會從痛苦中拯救你。只要盡力於份內的事，便可自己脫離困境。

成功是奮力克服重重困難所換得的果實。若無艱難阻礙，又怎會有所成就？若無勇往直前的精神，又焉能有所作為？因此，人們必須勤勉工作，堅定前行。當我們竭盡全力時，必能見證人類進步的軌跡，包括我們自身的進步，乃至整個國家的躍升。此進步啟發人們創造了卓越的機械，推動時代發展，喚醒無數對社會發展舉足輕重的人才。在各產業領域中，勤勉已成為企業發展的動力所在。它更是開拓國家資源、土地和人力的不竭泉源。勤勉乃是促進每個人知識和成長的必要元素，深植於人性，推動人們為美好生活不懈奮鬥、追求卓越。

人性中的競爭並非全部，人性中也蘊藏著深厚的情感、同理心與渴望。這些特質往往驅使個體尋求志同道合者，追求共同福祉。隨著人類個性的解放，人們為謀求普遍的幸福而合作互利也屬必然。人們可以聚到一起，共同勞動、生產，並公平分享其成果。

然而，在某些情境下，人與人之間也會產生本能的競爭心理。儘管人們的內心不免存有一絲罪惡感，但是最終仍能獲得競爭所帶來的好處。

勤奮和節儉的成果之一就是對資本的累積。資本代表了自我犧牲、節約和過去的努力。不論時代變遷，最成功的資本累積者皆出身於普通

第十章　富有與偉大並存

勞動人民。他們是那些曾帶領著跟他們一樣奮力前進、追求財富的人，而如今已成為備受羨慕的老闆。他們不再需尋覓工作，反而為他人提供就業機會。他們是國家財富與力量的主要泉源，倘若沒有他們世代以來節儉累積的豐厚財富，必有許多工人陷於動盪飄零的生活。

任何一位技工都會花掉雇主一定的資金。當一位技術不熟練的工人離職時，其雇主將損失約18便士；但當一位技術精湛的工人離開工廠時，其雇主將遭受100至200英鎊的資金損失。雖然技術精湛的員工無需承擔任何企業投資的風險，但事實上，他們已透過薪資形式獲得了利潤。而其餘的利潤就成為雇主管理、投資及承擔風險的酬勞。眾所周知，這些投資風險有時隱藏不露，而在經濟不景氣時期，有關風險的新聞則層出不窮。

對於有良好雇傭關係的技工而言，他們無需承擔企業因債務問題而帶來的損失，也無需擔憂設備老化或淘汰對生產的影響；他們無需焦慮產品市場，亦無需擔心原材料價格的波動。實際上，這些問題與技工之間存在一種間接的相互制約關係，儘管技工往往對此考慮得不多。因為如果雇主間的交易失敗，技工勢必會失去工作；反之，若交易順利，技工便能獲得良好職位，並賺取較高薪酬。若技工受過節儉培訓，他們定能存有積蓄以應不時之需。這樣的技工可被視為公司興衰的見證者，被認為是不會有任何負責風險的合作夥伴。

卡萊爾先生曾提及一位英國大製造業業主令人震驚的言論。據描述，這位名為普拉格遜的企業家有著探險家般的性格。有一次，他對員工說：「尊敬的先生們，我手中握有我們賺來的10萬英鎊，我打算遠遠離開這裡，到某處購置一棟漂亮的房子，並在周圍建立一座葡萄園。這10萬英鎊是我的財產，而你們每天可得3到6便士作為報酬。再次道別，

親愛的先生們！帶著我的錢離開吧，為我的健康乾杯，我還會另外再給你們一些獎賞。」

卡萊爾先生

有些雇主的確具有冒險精神，但也有不少例外。就像在任何雇主中，總會有不誠實的個體，無論是文人、旅館老闆或商人。然而，我們仍應該相信誠實是做人的原則，不誠實不過是例外。我們都知道，從不同角度看待同一人，結論自然大不相同。因此，對那些製造業者，我們應該從事實的角度看太他們，而非憑空想像的角度。

在探討這個議題時，讓我們從具體的案例著手。以製造業大廠或南安普敦郡的知名企業為例，不妨先看看在這些行業中已有悠久發展歷史的棉紡業。隨著經濟的不斷進步，這些行業的生產規模不斷擴大，員工人數也持續增加。新增員工能夠獲得所在地區的平均薪資水平。男性員工每週可賺 17 先令至 2 英鎊，而女性紡織工人的週薪則在 21 先令左右。對於那些子女都在外工作的家庭而言，全家每年總收入更能達到 150 至 200 英鎊。

艾奇沃斯公司的領導者對於員工的照顧可謂用心良苦。他們為員工

第十章　富有與偉大並存

設立了按相同興趣和技術分類的班級，由此首次創辦了公司內部的學校。約於 1825 年，工廠管理層大幅擴充了廠房規模，帶動人口劇增。他們順應時勢，開設了面向孩童的白天課程，同時也以夜校形式，提供年輕員工課餘學習的機會。隨著工廠不斷擴張，學校的設施也日漸完善，除了設有新聞閱覽室和豐富的圖書館外，校園內還增設了表演場地及年輕人專用的板球場。可見，這些領導者用心謀劃，貼心照顧員工的各方需求。

當然，一些領導者偶爾會擔心艾奇沃斯公司為員工傾注的熱情和資金，最終可能造成反效果，員工反而成為他們的隱患，並帶來經濟損失。這種猜疑中僅有一個例子可以證實。曾有一位天資卓越的年輕人，從附近工廠來到新建的學校就讀，在校內學有所成，尤其是在數學方面卓有成就。然而，在 1830 年工人大罷工期間，這名年輕人卻成為了極為活躍的罷工領導者。工廠重新雇傭工人，罷工以失敗告終。但是這位年輕人絲毫未放棄自己的信念。在他的煽動下，新入職的工人遭受到了憤怒群眾的襲擊，學校的窗戶被砸得粉碎，工廠所有設施均遭到破壞。

儘管如此，雇主並未追究那些罷工者最初的目的，而是重新修葺學校，持續努力提升教育水準。這些雇主深信，唯有學校所授予的知識，方能真正消除人們的無知與迷信。眾多例項顯示，先前僅從事手工紡織或農業勞作的青年，在接受一段時間的培訓後，其意識均已覺醒，成為具有更高品味與修養的生產者。

在博爾頓郊區的一片小山谷裡，有一家新建的伊格雷工廠。該廠老闆擁有附近的土地，並禁止在此開設任何酒店或酒館，希望維持該地原有的安寧秩序與自律特色。對於一個嗜酒成性的人而言，在這個樸實的鄉村中是很難容身的，不是因為老闆會開除他，而是當地人會將他趕出

去。若想留在此處，他只能順應當地純樸的生活習俗，或者隱匿於大城市的人海之中，以免暴露出他的惡劣行為。工廠員工的家人們都十分贊同老闆的做法，認為工廠就像一個與外界絕緣的社區，子女在此工作能遠離世俗的腐敗影響。

除此之外，雇主們還承擔了額外的義務。他們為員工建造了兩層樓的舒適石材住宅。上層設有兩三個臥室，下層則有客廳、起居室和廚房，外圍設有圍牆。租戶只需支付很低的房租和地方稅，每週房租是2先令4便士至4先令3便士之間。

這座城鎮長期以來一直保持著穩定的就業環境，員工們每週五都可以準時拿到薪酬，這種持續而有序的工作生活，使他們與這片土地產生了深厚的眷戀。第一代定居於此的後裔仍然居住在這裡，這裡的社會制度完善有序，人際關係融洽友好，頻繁出現內部通婚的現象，連一起盜竊案件都未曾發生過。一方面，雇主們的生意不斷興旺發達，另一方面，工人們的生活也過得很好。許多工人不僅在儲蓄銀行累積了不少存款，還將資金投入房地產建設或其他用途。

對於紡織工階層而言，跳出體力勞動的桎梏並非易事。然而，的確有一批出眾的人才脫穎而出，成為工廠的管理階層。正如亨利·艾奇沃斯先生所言：「有三十個工人在適當的時機得到了獎勵，有十個人成為了工廠的合夥人。」可見，許多廠家的老闆都致力於改善員工福利，其動機絕非單純追求利潤，而是出於善意與仁慈。紡織工這個群體中，的確存在著不少具備技能、能力及組織管理才能的人才，他們從事體力勞動起步，逐步晉升為工廠經理，實現了自我價值的提升。

英國除了勤勉的勞動者以及企業的公共精神外，還有其他值得關注的要素。農業是否足以持續供應日益增加人口的糧食需求，存在著一定

第十章　富有與偉大並存

的疑問。倘若製造業地區未能為勞動者提供廣泛的就業機會和薪資收入，英國恐怕難免淪為乞丐聚集之地，如同法國的困境，財產面臨侵害，憲制亦面臨顛覆。事實上，蒸汽機成為英格蘭的安全閥與防線，在歐洲戰火中，使英國能固守疆土，不被外侵。

亨利・艾奇沃斯　　　　　西方古典經濟學派的重要代表人物亞當・史密斯

卓越企業家的財富累積並非偶然，他們的成就源自非凡的才能——勤勉工作和卓越的組織能力。然而，出現在郵票上的那些人，如斯加特斯、艾奇沃斯和馬歇爾，並非單單以賺錢為目的而工作。儘管財富源源不絕地湧向他們，但是他們並非因財富而偉大，而是因其偉大而更顯富有。財富的累積是經年累月的勤勉、節儉與卓越領導所致，絕非一朝暴富。正如亞當・史斯密所言：「僅藉創業即能一夕成富者，實在是鳳毛麟角。因為財富的獲得必須仰賴長期辛勞、節儉累積與謹慎運用。」

布萊富德的李斯特先生是一位富有創新精神的發明家。在研製出刷毛機後，他隨即投身於發明另一種能夠將絲的廢料重新加工，制成最好的絲，然後再通過紡織機把加工出來的新絲紡織成最好的絲絨。這項創舉在當時被認為難以實現，但李斯特先生卻憑藉堅持不懈的精神，最終

取得成功，不僅賺取了可觀的財富，也為自己贏得了聲譽。即便在尚未見到任何回報的情況下，李斯特先生亦不吝於投入大量資金進行研發。據稱，在機器尚未能為他帶來收益時，他已耗資 36 萬英鎊。這種勇於冒險、全然投入的精神令人敬佩。在布萊富德的一次會議上，李斯特先生坦承自己每日凌晨 5 點半起床工作，可謂英格蘭最勤勉的人之一。其頑強的意志力和執著的追求，無疑為他鑄造了巨大的事業成就。

　　誠然，李斯特先生在獲得補償費之前，已遭受了 25 萬英鎊的損失。然而，自此之後，他發明的制絲機獲得後人的認可，被證明是當代最卓越的發明之一。

　　在李斯特先生捐贈給布萊富德人民的公園中，立有一座由公眾共同募捐修建的李斯特先生雕像。賴特・鴻・福斯特先生主持了雕像的揭幕儀式，並發表了動人的演說。他說：「今天我們相聚在此，不僅是向李斯特先生致敬，也是我們自己的榮耀，因為我們將要為那些為國家做出重大貢獻的人授予榮譽。」福斯特先生讚頌了李斯特先生的品格：「他廢寢忘食，勇於奮鬥，即便面臨重重阻礙，也從未放棄，這正是造就英國今日榮耀的精神力量。」他引述李斯特先生的自勵之語：「『我仍有許多事待成，在找到合適的方式之前，我不能，也不應停下。』正是這種堅韌的意志支撐了他的偉業。我們為李斯特先生樹立這座雕像，不僅為了緬懷一代成功者，更是為了抒發對勤勞、智慧、勇氣和毅力等品德的崇敬。李斯特先生在最初的重重困難中始終坦蕩前行，他的品格值得後人永遠學習。」

　　乍看之下，偉大的生產者和偉大的指揮官似乎難以比較。然而，作為一位雇主，他需要具備卓越的勇氣、智慧和組織領導力，猶如一位軍人。雇主需謹慎考量兩個問題：如何使合作者在既定制度下更好地工作，

第十章　富有與偉大並存

以及如何以軍人視角,在戰鬥規則下,帶領手下更好地作戰。這些都需要敬業精神、果斷的勇氣和精細的觀察,但是雇主更需以同理心和仁慈對待員工。由此觀之,泰特思·薩爾特爵士(Titus Salt)不僅是企業界的雇主,更可謂企業界的元帥,堪稱企業界的王者。

這位傑出的人物泰特思·薩爾特,是約克郡一位羊毛梳理工人的子嗣。在年少時期,他僅僅是布萊福德附近一名平凡的農民,對農業生產頗感興趣,鄉里人皆以為他日後將一生致力於此。然而,他的父親並非農夫,而是一家羊毛紡織廠的老闆。漸漸地,他成為父親工廠的合夥人。薩爾特是一個富有遠見的人,他認為製造業將在布萊福德蒸蒸日上,於是他脫離父業,自立門戶,在布萊福德創辦一家羊毛紡織廠。他也是最早使用羊駝絨製造產品的人之一。利物浦大量進口巴西來的羊駝毛,然而這些羊駝毛常被人忽視,無人問津,直到被薩爾特購買,並織成全新的絨布投放市場後,廣受消費者歡迎。於是他全數購入利物浦的羊駝毛,開啟了他的羊駝絨紡織事業,終至建立自己的製造企業,奠定了他日後累積巨額財富的根基。

曾經從事近二十年製造業的企業主,突然感受到了退休的欲望,渴望能回到自己原先耕種的土地,繼續從事農業生產這份他摯愛的事業。他計劃在五十歲生日當天宣布這個決定,然而在生日到來之前,他改變了主意。他認為必須擴大企業規模,不能安於現狀,要成為行業翹楚。下定決心後,他毅然離開了布萊福德,這座城市已變得人口擁擠不堪,他不再想為其膨脹的人口做出任何貢獻。於是他四處尋找合適的場所創辦新的製造企業。最終,他找到了一處理想的地點——坐落於美麗的埃裡厄山谷的一片廣袤土地。那裡不僅有連接里茲和布萊福德的鐵路,還有從里茲通往利物浦的運河,無論是購買原材料還是銷售產品,都擁

有便利的運輸條件。在這片土地上，薩爾特建立了又一座規模宏大的工廠，命名為「薩爾特埃裡厄」。它就像一座永不磨滅的紀念碑，見證了一個人不懈追求、卓越智慧，以及對人民無私奉獻的精神。

泰特思・薩爾特爵士

位於埃裡厄的這座宏大工廠堪稱薩爾特先生的鉅作。建築群占地約 6.5 英畝，主樓長 550 英呎，絢麗的紡織工廠占地 2 英畝，每個工廠都寬敞明亮。從建廠到建造工人宿舍，總投資逾 14 萬英鎊。開幕當天，薩爾特先生在最大工廠款待 3,500 位賓客。他在歡迎詞中動容地表示，能有這麼多受人尊敬的賓客蒞臨，以及員工們能在此工作，他深感榮幸。他希望員工不僅能在良好的環境中工作，同時也能過上幸福美滿的生活。他強調，在建造工人宿舍時，毫不吝惜資金，力求打造出國內典範的工作與生活環境。他認為儘管一生篤信節儉，但是此刻他期盼看到滿足和幸福的景象。

薩爾特先生言而有信，努力成為一個盡責的人。當法國政府要求他提供有關他工廠的資訊時，他毫不遲疑地表示：「我在薩爾特埃裡厄所採取的一切做法，都來自於我個人的感受和判斷力，並未有什麼特別的考

第十章　富有與偉大並存

慮,也無意引起公眾的注意和好奇心。我只是在做我想要做的事情。至於工廠本身,重要的是生產過程要高效,我們盡可能縮短原料從一個部門運送到另一個部門的時間。我們將發動機轉速提高到最大,以確保生產過程中不會有浪費任何時間,從而大幅提高了工廠的生產能力。」

這位卓越的泰特思・薩爾特爵士為改善其勞工的物質與精神生活,付出了大量的心力。他在工廠附近興建了一座優美的教堂,成為美以美教派的禮拜場所,同時也是文化思想的傳播中心。他為孩子們創立了一所完善的學校,並配置大型操場。此外,他還為年輕人與老年人建立了各種娛樂休憩設施,如板球場、槌球場和草地保齡球場,以及遊樂場等。也設立了大型餐廳、洗浴設施、醫療診所,以及救濟院,為有需要的人提供周全的照顧。可見,這位卓越的領袖竭盡全力,改善了工人們的生活品質。

工廠約聘用三千名工人,薩爾特先生沒有住宅的工人建造了七百五十六間房屋。房租根據房型而有所不同,每週介於 2 先令 4 便士至 7 先令 6 便士之間。部分房屋按公寓標準興建,租金及水電費相當低廉。整體房屋採用石材建造,以磚砌築而成。幾乎每間房屋均設有寬敞的客廳、廚房或洗碗間、儲藏室或地窖,以及三個臥室。每棟房前皆有獨立的小庭院,部分還配有書房。

勞動階層得以支付得起住房租金,乃因其每週所得介於 24 至 35 先令之間。一位男性雇員撫養 6 名子女,其每週薪資可達 4 英鎊 4 先令,年度薪資則超過 220 英鎊。

整潔、舒適的住宅條件,能激發工人對家的深厚眷戀。他們樂意妥善布置、裝點住所,這正是社會中最幸福階層的象徵。任何來自貧困階層的參觀者看到這樣的生活環境後,皆能深刻地體會到,這樣的居家方

式可大大預防惡習、避免疾病，更可提升工人階級的精神境界和知識水平。正如薩爾特埃裡厄的林德醫生所言，居住在骯髒惡劣環境的人，猶如身穿襤褸的乞丐，很快便會喪失自尊，一旦失去自尊，人們也終將放棄對他們的希望。

　　教育在薩爾特先生心中占據重要地位，尤其是對於社會菁英階層而言。因此，他在埃裡厄裡創辦了白天的學校，為孩子們提供學習機會，同時也建立夜校服務青年人，還為工人們提供技能提升的培訓課程、講座及研討會。音樂被視為最能陶冶性情的藝術，深受當地人的青睞。城市中幾乎家家戶戶都擁有自己鍾愛的樂器。合唱團和樂隊在此早已家喻戶曉，深受歡迎。男士們自組了一支銅管樂隊，孩子們也成立了管樂隊。工人們更可在餐廳定期舉辦音樂會、演唱會和器樂演奏會，廠方還會為這些樂隊提供專業的指導老師。

　　除了參與音樂活動外，不乏精通技藝的工人對科學產生濃厚興趣。他們利用閒暇時光開展科學研究工作，研究自然史、製作動物標本，甚至自製各種科學儀器，如氣泵、機器模型和家用產品。有些人還嘗試製作風琴和其他樂器。該地排水、清潔和通風等設施完備，並配備各種浴室，如浴池、溫水浴、土耳其浴和淋浴間。當地的洗衣房寬敞，可容納眾多人同時使用，讓婦女無需在家中洗衣，有益於家人，尤其是孩童的健康。

　　勞工階層展現出謹慎理性的生活態度，深諳節儉之道。有些員工選擇將薪資累積在便士銀行或儲蓄銀行中，另一些則將資金投入建築協會、燃氣公司等有利可圖的事業。事實上，他們可謂是最為幸福的群體。享有良好的生活條件，無需為溫飽發愁，並且能充分享受生活樂趣；擁有舒適的居所，多數人恨不得整天都留在家中；他們還成立了釣魚、

第十章　富有與偉大並存

划船、板球等俱樂部，分享共同愛好。市中心設有學校、文化機構、演講廳、博物館等設施，而薩爾特先生更建造了教堂，以供人們虔誠祈禱。對薩爾特爵士而言，獲得眾人的尊崇也就不足為奇了。

對於其他的雇主來說，他們對待自己員工的方式也同樣表現得相當仁慈，儘管無法與泰特思・薩爾特爵士的作為相提並論。這些雇主同樣支付員工相同的薪資待遇，並且協助和鼓勵他們培養節儉的生活習慣，將積蓄存入由雇主們建立的儲蓄銀行或便士銀行。他們協助員工成立互助社，使他們能以最低廉的價格購得最優質的食品。此外，他們更為員工興建有益健康的宿舍，並為員工子女創辦學校，透過各種方式提升這些員工的精神素養和社會地位。

哈利法克斯的企業家埃德文・阿克洛德先生，為員工營造了一個充滿激勵和支持的工作環境。首先，他透過節儉培訓，讓員工了解勤儉的重要性，並養成相應的習慣，在約克郡產生了深遠影響。此外，他在當地修建了舒適的住房，鼓勵員工投資他的建築俱樂部，為他們自建房屋提供便利。他還創辦了一家合作社，讓工人以優惠價格購買生活必需品。更為難能可貴的是，阿克洛德先生用自己的錢興建了一所優秀學校，提高了教師的薪酬待遇。他還投資修建了一座名為「眾靈」的教堂，不僅供員工使用，也惠及周邊居民。為豐富員工的生活，阿克洛德先生還建立了各類文化、體育設施，包括科學社團、技能培訓協會、圖書館、俱樂部、保齡球場和體育場等。他還分配部分土地給員工種植園藝，以鼓勵他們的興趣愛好。整體而言，這位企業家以人為本的管理方式，改善了員工的生活品質，成為一位值得敬佩的雇主典範。

阿克洛德先生以一個大眾慈善家的身分，為人們創立了約克郡便士銀行。早在1852年，他就建立了一家儲蓄銀行，哪怕工人只有1便士積

蓄，也可存入其中。這個機構營運良好，並對工人的節儉生活產生正面影響。於是，阿克洛德先生決心將業務拓展至約克郡西部地區。在幾位有影響力紳士的支持下，他的計畫於1856年付諸實施，並獲議會立法批准，正式創立了約克郡便士銀行。

阿克洛德先生對約克郡便士銀行的狀況作了介紹，我們見到了以下內容：

「瞬息萬變的思想與機遇如同匆匆而過的旅人，轉瞬即逝，不知不覺間即從我們心中離去。它們或可能成為我們胡思亂想的泉源，亦可能為優秀思想的發展帶來啟發。我期盼這些靈感能成為激發優秀思想的泉源。在此，我願意分享自己一年來在心中閃現的部分想法，而非僅呈遞一份簡單的計畫書。多年來，這些念頭一直是我個人極其感興趣的東西。

在今年大齋期間，我有幸前往城中的白金漢宮教堂，參加了一場由受人尊敬的查爾斯・金斯雷先生主持的布道活動。作為倫敦教區布道婦女協會的代表，金斯雷先生在演講中探討了一個備受政治家關注，但是缺乏改革能力的體制。他首先提及了一本名為《東部與西部》的書，書中描述了倫敦貧民透過各類組織和團體獲得了極大的幫助。然而，金斯雷先生隨後闡述了倫敦富人與窮人之間、階級與階級之間的巨大鴻溝。事實上，這個矛盾對於社會而言是一大危機，猶如最近法國所發生的政治動盪。這次精彩的布道令我印象深刻，使我在數日後購買了《東部與西部》一書，並開始細細品味其中的深層意義。

讀罷此書，我內心深受震撼。書中描述了倫敦東西部人民生活狀況的悲慘對比。東部人享受著奢華生活，而西部以及鄰近貧民地區的居民則陷入了極度貧困的困境，為謀生而苦苦掙扎。這種貧富差距的巨大鴻溝

第十章　富有與偉大並存

溝令人痛心。雖然這是一個棘手的問題，但是必須設法妥善解決。

所以我認為，在彼此熟悉的地區——哪怕是小小的城鎮或農村——或者是彼此互不相識的倫敦，我們都應該盡到對身邊人的職責，要完成教區婦女布道協會的目標，要『以自救的方式幫助窮人』，這比用物資接濟他們要好得多。『以自救的方式幫助窮人』將作為我的約克郡便士銀行的主要原則。」

1859 年 5 月 1 日，約克郡便士銀行正式開業。就在開張短短 7 個月後的年底，阿克洛德先生便迅速增設了 24 個分支機構。此後，銀行規模不斷擴張，分支機構、儲戶人數和存款總額均持續上升。直到 1874 年，阿克洛德先生已經掌管著 250 家分支機構，並以託管人的身分大量投資，投資總額高達約 40 萬英鎊。

約克郡便士銀行與郵政儲蓄銀行之間並無任何關聯。然而，約克郡便士銀行擁有一項獨特作用，那便是能夠教育年輕人，使他們養成儲蓄的良好習慣。在循序漸進中，人們逐漸養成了儲蓄的習慣。由於約克郡便士銀行遍及民間，他們可以很方便地存錢。約克郡便士銀行在發展史上的重要事件之一，就是年輕人的節儉對他們父輩的目光短淺和放縱產生了一定影響。許多倡導節儉和簡樸生活的人認為，能讓工人自願儲蓄和學習節儉的便士銀行，比只會說教的機構更加促進了社會福祉。阿克洛德先生的記述中就有這樣一個例子：

一位資深會計師說：「所有年輕的存款人無不希望透過銀行妥善管理其財務。正在成長的一代人也有類似的想法，不再將剩餘收入盡數揮霍於酒關，或是毫無智慧地任意支配。有些睿智的勞工已將累積的資金充分運用，或投資股票，或創辦農場，以擴展財富來源。」

另一位會計則說道：「有一位經常醉酒的父親，在清醒之後，看見他

的孩子每週都將半個銀幣存入銀行,他頓時感到深深的羞愧。他決心學習孩子的節儉之道,也開始定期存錢。此外,一名臭名昭彰的礦工也開始以孩子的名義定期存款,此前他將賺來的錢全部花費在酒館上。但是自從他開始存錢,他的行為與品德也隨之永久改變,成為一個節儉、喜愛儲蓄的人。還有另一個例子,兩個男孩要求他們的父親(也是一名礦工)允許他們每週存下 1 先令,直到每人有足夠買一件新衣服的錢。以前,他們父親的薪資都用於酗酒。」

另一個銀行機構的會計人員透露,他曾親眼目睹許多過去酗酒的父母,如今竟帶著自己的孩子來銀行存錢。他說:「這令我感到十分欣慰。有一天,一名向來缺乏新衣著的男孩來銀行取出積蓄,不到兩小時後他就穿著嶄新的服飾返回校園參加受難節的演唱會。」在主題為「理想之歌」的受難節晚會上,他請在場的父母和同學舉手表示是他們否從銀行中獲得利益,結果有許多雙手應聲而起,其中一位貧困的母親大聲喊道:「我要為我的兩個孩子舉雙手!感謝上蒼!」

這位會計繼續分享他的觀察:「曾經有一位礦工,他是一家之主,但是卻特別嗜酒,常常酗酒至醉倒。終於有一天,在他人的勸告下,他從飲酒的陋習中醒悟過來,開始培養定期存錢的習慣。在建築協會的貸款支持下,他如今已經能以 400 英鎊建造了一棟兩層的樓房。對於許多人來說,銀行就像是蜜蜂的蜂巢,是儲存財物的場所。當生病或不幸降臨時,他們可以倚靠銀行的援助渡過難關。」

一位神職人員回憶起兩年前遇到的一對酗酒成癮的夫婦,他們來尋求他的幫助,希望重拾一個對社會有益的生活方式。於是他要求他們發誓定期存錢,並督促他們將所有貴重物品當掉換成現金,以免被酒精所吞噬。神職人員欣慰地看到他們逐步將這些物品從當鋪中贖回,並真誠

第十章　富有與偉大並存

地保持每週存款的良好習慣。丈夫也時常提醒妻子，將錢存入銀行要比揮霍在酒館中更有意義。最終，他們擺脫了過去的酗酒缺點，重拾歡樂祥和的人生。

一天傍晚，一位酗酒進入銀行。他首次在銀行櫃臺前放置 1 先令硬幣，並宣稱：「我要存款！這筆錢原本是買六品脫啤酒的。今日，我向酒館老闆發出誓言，他再也無法像過去那般輕易地獲得我的金錢了。」此人言行一致，不久後成為了定期存款的儲戶。

再另一家銀行裡，一位男子曾經生活失意，藉酒消愁。他的妻子循循善誘，勸其將殘餘金錢存入銀行，不再沉溺酒中。他聽從妻子的建議，每週存款數額隨之遞增，前往酒館的頻率也相應下降。經過短暫時間，他在銀行累積了可觀資金，於是將之投放於建築協會，購買股份。其後，又在另一個地區買進更多股票。不久，他便收穫了可觀的紅利，並以此購置一塊土地，建造兩棟房屋，一棟作為新居，另一棟則供出租。如今，他已成為受人敬仰的商人，擁有數名工人及一名學徒。然而，他仍秉持著節約之道。由此，他贏得了眾多友誼與他人的尊重。

這樣的例子可謂不勝枚舉。例如，有一個小男孩用自己辛苦存下的錢為父親買了一件衣服，而父親卻是個常把錢浪費在酒館中的人。當父親看到兒子的心意時，他意識到正是自己的作為使家庭陷入貧困，心中的羞愧感油然而生。另一個例子是，有些子女憑藉勤勞節儉，維持年邁父母的生活，使他們無需依賴政府援助。人們存錢的動機各不相同，有人準備移民，有人想買件新衣服，還有人夢想擁有一塊名錶……這些都在潛移默化中培養了人們的勤儉習慣，養成了儲蓄的美好品德。

據一位在便士銀行工作的約克郡會計人士所述，有這樣一段趣聞發生：

「史密斯先生是我們第一批招聘來的經理中的一員，但是他上班的

時間不超過 4 天，便自動辭職了，因為他認為這項工作是『小孩子的工作』。而我在回答他時說：『我們不得不面對小孩子。』過了一段時間，我在路上偶然遇到了他。在與他交談的過程中，我突然發現有時自己會產生一種悲觀失望的感覺，因為我不知道我們所做的事情是否有利於社會，我有一種要放棄在銀行工作的念頭。他聽到這裡立刻表現得熱情洋溢，殷切地對我說：『親愛的朋友，看在上帝的份上，你千萬不能有這樣的念頭呀。你不知道你們所做的一切對社會的福利而言是多麼重要！在我們那里，沒有一個人和他的家庭成員不是銀行的儲戶的。』」這位會計接著說：「如果對這項工作失去信心的是阿克洛德先生的話，我就會對他說上面的這段話。」

　　正因如此，儲蓄銀行成為了提升社會福祉的重要管道。它們為無數家庭帶來了穩定、幸福與安適的生活。其他銀行家應當效仿阿克洛德先生的作為。

第十章　富有與偉大並存

第十一章　節制醞釀財富

　　不論我們被視為是善還是惡，是正還是非，我們都是生活中的巨人。

　　金錢獨立的人希望得到別人對他的敬重，這是一件好事；然而，若依賴借貸來維持體面形象，這足以讓天使傷透心。

—— 傑洛爾德

第十一章　節制醞釀財富

奢靡浪費乃當代社會中普遍的惡習。這個惡習不僅盛行於富裕階層之中，亦蔓延並嚴重影響中產階級以及勞動階級。

現代人熱衷於金錢，無所不用其極以發財致富。人們不再滿足於憑藉誠實和勤勉的雙手謀生，而是渴望一夜暴富，不惜利用一切手段，譬如投機炒作、賭博或詐騙。

城市生活中處處可見奢侈之風，尤以城中居民為甚。無論身處大街小巷，或是公園教堂等地方，無不可見奢靡之象。奢華的服飾僅為其表現形式之一，揮霍浪費的現象才是社會生活中最為普遍的。人們虛榮地過著遠超個人承受能力的高消費生活，其後果則在企業破產清算或罪犯受審的法庭上一覽無遺。在法庭上，不少商人常會被指控有失誠信，甚至涉及欺詐罪行。

外表穿著十分華麗，營造出一種富有的印象。一些渴望他人信任和敬仰的人，必定展現出強大的氣勢。現代人認為，生活應當擁有格調：住宅必須優雅、華麗且舒適，飲食必須精美可口，更要品飲上等葡萄酒，並駕駛最華麗的跑車。然而事實上，這些人的生活早已捉襟見肘，唯有靠欺騙手段維持著奢華的生活。雖然人們對洛德帕斯和羅伯森如此慷慨揮霍的生活方式感到震驚，但是如今卻出現了成群結隊的「洛德帕斯」和「羅伯森」。

另一類人勉強過著奢華的生活方式，他們雖未透過敲詐維持這樣的生活，但是已經徘徊於犯罪邊緣。他們擁有合法的謀生管道，但是肆意揮霍使其收入顯得微不足道。他們渴望成為受人尊敬、具有實力與氣度的人物，因此，他們信奉著扭曲的信念，認為必須過有錢人的生活。他們盲目地追求高消費、高規格，完全不顧自己是否有能力承擔，而是想在他人面前保持一種貴族式、富有的形象。這樣做的結果只會使自尊受

到傷害，甚至消失殆盡。在他們眼中，只有華麗的衣飾、上等的家庭設施、奢靡的生活方式以及最新的時尚潮流，才是贏得尊重的物質基礎。在公眾場合亮相時，他們會精心打扮，有時這種裝扮無異於完全的偽裝與虛榮。

然而，不論如何，他們絕不能以一種寒酸的形象出現在他人面前。他們會採取各種手段來掩飾自己的貧窮，使自己顯得極為富有。他們習慣於預支尚未賺取的金錢 —— 他們欠下百貨商店老闆、麵包房老闆、服飾商以及雜貨店老闆一大筆債務。更令人憤怒的是，他們竟然像富有人士般，慷慨地款待那些與他們擁有共同追求的「有錢人」。然而，當他們日積月累的債務無法再延遲償還時，那些曾經受到盛情款待的「有錢人」會來幫助他們嗎？也許那些「有錢人」早已不聞不問，只留下這個可憐人在債臺高築的境遇中掙扎求生。

勇敢地承認自身無法負擔的困境，或許能有效減輕貧困的威脅。那些只能夠有福同享、卻不能有難同當的朋友，只會向你揭示人性墮落和勢利的面貌，除此之外再無任何助益。這種關係無法提升個人的社會地位，在商場中更是毫無用武之地。欲成大事，應當倚重於自身品德和他人的尊重。但是若過於急切地渴望在成功之前就獲得成果，恐怕不僅無法實現，反而前功盡棄。

一股普遍而潛在的思維理念一直壓迫著這些人的個性。他們不倡導自立，而是要求統一和服從。每個人都必須在他人的指揮下行事，並用別人的思考方式思考問題。他們崇拜和服從傳統理念，因此只能被動地循規蹈矩，從未向前或向上探索。他們被無知和軟弱牢牢束縛，因此偏好隨波逐流，厭惡獨立思考和行動，他們甚至害怕呼吸自由的空氣。他們拒絕發揮任何可以恢復自身本性的力量，也拒絕讓他人替他們的精神自由辯護。他

第十一章　節制醞釀財富

們滿足於享用他人獲得的成果，而非靠自己的努力得到的。

我們生活在社會的約束之中，任何行為都必須以符合本階層的標準為依據。我們對習慣性的力量有著迷信般的崇敬，按本階層的觀念，如此行事便能成為「受人尊敬」的人。因此，對於那些勇於睜眼看世界、追求真理的人而言，由於他們違背了傳統理念，反而可能面臨不幸，因為沒有什麼比對這個世界愚蠢地產生恐懼更好的藉口了。他們擔心的僅僅是「他人對他們的評價」；通常發出譴責之聲的，並非智慧和遠見卓識之士，反而是那些更為愚蠢、虛榮和目光短淺的人。

威廉‧坦普爾爵士（William Temple）的見解確實精闢。他認為以「超越自己」或「擁有他人所無」為目標的想法，實際上是一切不道德想法的根源。誠如爵士所言，所有人類的經驗都能證明他的觀點的正確性。

面子至上，無疑是當前社會最為惡劣的習性之一。人們普遍存有一種觀念，尤其是在中上階層中，就是自己的表象遠勝於實際情況。即便是生活水準較低的人，也堅持要面子，努力裝扮得體面大方，好像唯有如此，才能贏得別人的尊重。

在社交領域中，贏得他人尊重無疑是每個人追求的目標之一。從本質上來說，這是一件值得努力爭取的事物，然而，爭取尊重的方式至關重要。正確的做法應該是以恰當的言行舉止贏得他人的尊重。遺憾的是，現代人將重點過度放在了外表形象上，他們認為穿著上等名牌服飾、居住在精心設計的別墅，以及維持前衛時尚的生活方式，加上時常能聽到口袋裡金錢碰撞的聲音，才是贏得他人尊重的根本。如今，道德與品味已經在現代人眼中失去了應有的地位，取而代之的是上述他們所認定的「尊重」標準。因此，一個人很可能表面上「廣受尊敬」，實際上卻是一個品行惡劣的壞人。

威廉・坦普爾爵士

　　在社會中，過度強調等級與財富，可能導致虛偽與道德的退化成為無法擺脫的弊病。每個人都竭盡全力爭取進入更高的社會層階，成為上層人士。無論地位低微或是顯赫，人們在工作和生活中呈現極其明顯的等級區分。在伯明翰的某工人俱樂部中，有些人穿著燕尾服，另一些則穿著一般服飾。穿燕尾服的人蔑視穿普通服裝的人，然而他們均屬工人階級。柯波特稱其政治對手為「亞麻布商人」，而這個亞麻布商人在許多人眼中地位崇高。他看不起小亞麻布商，小亞麻布商看不起修理工，修理工藐視體力勞動者。貴族家看牛的僕人自認比釀酒商的僕人具有更尊貴的身分。

　　無論你出身於社會的哪個階級，即使是社會最低層，也沒有什麼好擔心的，因為你會發現在你之下，還存在更薄弱的弱勢群體。各階層之間皆有明顯的歧視心態，這種等級觀念在中產階級間尤為突出，每個階層的人都認為與低於自己地位的他人來往是一種墮落的行為。在鄉鎮地區，你可發現許多彼此隔閡、關係疏淡的小圈子，他們之間相互鄙視，甚至用言詞相互譴責、嘲諷。即使在大城市中，亦可發現至少六種不同

171

第十一章　節制醞釀財富

階層，他們之間仍保持著高低貴賤的關係。

每個社會階層的成員都傾向於排斥那些地位低下、企圖加入的人。然而，同時也有人竭盡全力，力圖突破與自身相比更高等級的界線。他們渴望翻越這道分界線，順利進入到至今仍在大力排斥他們的更高等級階層。

人們不惜一切代價攀登至更高層，種種手段不過是為了向上爬升的權宜之計。他們高呼「我們必須獲得社會的認可和尊重！」為實現此目標，他們堅信必須財富豐裕，或至少表現得像有錢人。因此，追求時尚、致力於展現富有的外表，爭取過著中上層生活，對於微小的成就感到自豪滿足。正因如此，原本五彩斑斕的世界，如今只剩下令人厭惡、影響心情的戰場。人們心智扭曲，智慧消逝，剩下的只有愚昧、乏味和盲目。

現代社會上一種最能腐蝕文明的制度赫然浮現——所謂的「大型聚會」制度。人們聚集在一個擁擠的空間中，與此同時，其中還有許多無所忌憚的人正在人群中為所欲為，這便是那可笑的時尚派對。正如尚－雅克・盧梭（Jean-Jacques Rousseau）所言：「我寧願要一間只要住上一天就感覺屋子裡空間很小的房子，也不願意要一間住上一年都感覺它很大的房子。」可惜，人們對時尚的理解恰恰背離了這句格言。

事實上，一些墮落和災難往往都源於寬廣舒適的生活環境。除此之外，人們在日常生活中從未向地位較低者看齊，反而是向地位更高的人看齊。

然而，對於那些不道德的行為，不應以維持表面現象為由，倒不如說是為了維持那種虛偽的表面形象而採取的手段。若人們獲得了一定的社會地位，他們寧可冒著風險也要保住它。若人們降低奢侈的消費水

準，世人便會認為其地位已下降。那些乘四輪馬車、喝香檳的人，難以忍受降格至二輪馬車或飲普通啤酒。而那些僅有二輪馬車、地位尚可的人，寧可在道德上墮落，也不願在社會等級上下降；他們寧肯屈從於不誠實的陋習，也不願在世人眼中失去虛偽的崇敬與掌聲。

法國啟蒙思想家盧梭

　　諸如此類的事例不勝枚舉。譬如，那些「受人崇敬的人物」時常從一種奢侈生活模式轉向另一種奢侈生活模式，他們揮霍著並非屬於自己的財富，只為維持自己艱辛獲得的聲名，在崇拜者面前炫耀一番；然而，當這一切像泡影般消逝時，這些「受人崇敬的人物」將陷入徹底的破產和毀滅之境。我們可以毫不誇張地說，在商業領域中，多達五至六成的商業欺騙行為源自一種病態的「面子」觀念。這無疑是一個極為可怕的現象。

　　在這個充斥虛偽的世界中，要成為一個「值得尊敬」的人，似乎別無他選。安定、正義、真理、高潔，不過是維護表面形象的工具。人們為了博得他人讚賞，不惜欺騙、陰謀、詭計，精心偽裝掩蓋內心的醜陋。他們不得不折磨自我，以博取世人的掌聲和好評，滿足虛榮的欲望。

第十一章　節制醞釀財富

愛慕虛榮的人寧願結束自己的生命，也不願意失去他所獲得的在階層中的尊敬。他們寧可離開人世，也不願意結束這種時尚、高品位的生活。幾乎沒有人因為貧困得衣不附體，食不果腹，饑餓難耐而不得不去自殺。事實上，這些人自殺的基本動機就是因為這種虛假的爭強好勝！約‧巴洛（Joel Barlow）說：「我從來沒有聽說過，一個人會因為買不起一塊麵包而去自殺，但是常常有人因為缺少一件大衣而自殺。」

約‧巴洛

處於這個卑劣、令人悲哀的等級制度中，婦女淪為特殊的犧牲品。在成長過程中，她們被灌輸了錯誤的觀念，學會憑表象而非內在價值來評判他人。這種教育使她們努力討好他人、贏得羨慕，而非提升自身心智。她們下定決心成為時尚優雅、擁有特權的人，最終目標是在社會中占據備受尊重的地位。相比之下，她們更畏懼「缺乏教養」，而非罪惡與道德敗壞。婦女被囚禁在排外主義的監牢中。她們與生俱來的善良被扭曲，同理心與友善也被封閉，猶如一口被嚴嚴實實蓋住的井。

在所謂「時尚社會」中，人們將外表作為衡量品德的唯一標準，這無疑是令人悲傷的事實。富有或看似富有的人，不僅被視為上層社會的成員，更被認為具有高尚情操和品德。相反地，窮人或看似貧窮的人，則

被認定有著不可饒恕的犯罪傾向。這種等級制度無疑是一種不公平和卑劣的制度。有一位年輕的女孩，原本出身較高的社會階層，但是由於遭遇不幸，家庭破產而淪落到窮人的行列中。她憑藉自己的勤奮和決心，終於獲得了應有的財富和地位。儘管她已重獲「受人尊敬」的地位，但是周圍的人仍認為她的做法有失身分，並蔑視著她。對於那些深受時尚觀念影響的人來說，寧可過著貧困的生活，也不願失去在階級上所獲得的認同。

女性和男性深受這種思想的毒害，因此他們得以共同支撐這個奢靡的社會也就並不令人意外。現代社會上的腐朽、奢靡及墮落的現象可與法國路易十五時期的社會相提並論。追求時尚本質上即是一種墮落。

奢華，這種可怕的癖好，並非止步於富人階層。它亦蔓延至僅靠薪資維生的平民之間。他們同樣熱衷於炫耀華麗外表以博取他人敬仰。他們的開銷遠超其收入，他們虛榮地遷居郊區，住進華而不實的別墅裡，並定期舉辦「家庭舞會」。他們還必須到劇院欣賞演出。他們會在短時間內揮霍掉剛拿到的錢，有時甚至預支未來收入。這些人缺乏累積財富的習慣，倘若丈夫不幸辭世，不僅不會為妻兒留下任何遺產，反而會使妻兒陷入極端貧困。然而，丈夫生前本應該從辛勤勞作中存下積蓄，以備妻兒將來之需，他們卻將金錢浪費在虛榮的排場上。若在死後尚能留下幾英鎊，他的妻兒就會用這點錢給這位不知節儉的丈夫舉辦一場體面的葬禮。

對於那些常常陷入債務泥沼，或任由妻子向他人借債的人而言，他們不得不將自由的權利給予了他人，並且完全受制於人。他們很少勇於面對債主，生怕一聲急促的敲門聲就是來自律師的催債信函。最終，他們被逼得走上了欺騙與謊言的歧途，因為「謊言寄生於債務之上」。

第十一章　節制醞釀財富

　　為奢侈品和虛假享受而背負沉重債務，是一種極度不明智的做法。我們或許購買了一些遠超於我們的經濟承受能力的精美物品，結果卻要用未來 6 至 12 個月的辛苦收入來償還貸款。這無疑是商家精心設計的陷阱，而我們則不自覺地中了圈套。我們缺乏依靠自己生存的勇氣，不得不依賴他人維持生活。正如羅馬人視僕從為仇敵一般，我們也應該以同樣的眼光，視那些狡詐的商家為自己的敵人。他們利用賒帳和誘惑的手段，誘使婦女們購買店內最昂貴的服飾，將希望安康生活的男士的妻子拖入債務陷阱，然後獅子大開口地開出天價帳單。使人感到無助和沮喪，完全失去對生活的信心。

　　紐曼教授提出了一項頗具實用價值的建議，他衷心希望在超過特定期限的賒帳後，法律宣布商家無權追討帳款，這將迫使商家謹慎向顧客提供賒帳服務，除非他們熟悉並確信該顧客有償還能力。這將使所有商品價格降到現金購買的水平，放貸習慣也將逐漸消失，商家無需再透過提高價格來轉嫁因為拖欠而造成的損失。他們也將不必誘騙顧客、設下陷阱，這種做法往往毀滅了無數人的幸福。

　　有一篇觸動人心的禱告詞，體現了人類寶貴的經驗：「上天不允許我們輕易地陷入誘惑誘惑。」沒有任何男女能真正免於誘惑的侵襲。在與誘惑的對抗中，人們原有的毅力往往會被徹底瓦解。那些垂涎老闆錢財的下屬或助手，終將難以克制將之據為己有的欲望。一旦戰勝了恐懼，貪婪的種子便會在內心發芽。因此，一個人的品行取決於無數微小習慣的累積。

　　不可否認，沉淪於債務泥沼使人失去誠實之心。所欠下的款項或許出於賭博，又或是積欠商家帳單。即使受過良好教育、靠本分工作的謀生者，也常因為過度奢靡而墮落。有人矯揉造作，僅僅是為了維持體面

的形象；有人因為賭博而輸掉了所有的錢；有人因為圖財的生意而受到懲罰；也有人行為放蕩，自甘墮落。

對於年輕人如何從正途陷入犯罪泥沼的過程，我深入研究，並得出了深刻的見解。有這樣一個案例：一名年輕人偽造他人姓名，企圖從該人身上騙取金錢，以償還自己在公共娛樂場所累積的債務。這名罪犯曾是一名受過良好教育的青年，理想遠大，智慧超群，人際廣闊，並娶有一位受人尊敬的年輕妻子。但是最終，他沉淪於酗酒賭博之中，疏離親朋好友，連妻子兒女也不再關照。最後，他遭到法律制裁，被判處七年有期徒刑。

另一起案件涉及一名退休部長之子。此人曾盜取政府機密檔案，將之高價出售。事後他逃離國境，躲避追捕，成為了通緝犯。警方在澳洲的南安普敦地區搜尋他的行蹤，但是最終無果。一段時間後，英格蘭銀行行長發現一名曾被其開除的人重返都柏林銀行，經過周密的部署，警方最終在一家底層的小公司中抓到了他，並將他押回倫敦。經過審訊，他被判入獄一年。

還有一個關於上流社會犯罪的例子，這個罪犯曾經擔任瑞典皇家鐵路公司的經理一職，可謂權位顯赫。然而，他卻為了維護面子，而拋棄了誠實、道德和品德等為人處世的基本原則。他正如那些虛偽的人一般，陷入了重重債務泥沼，難以自拔，最終淪為職業盜賊的同夥。他偷取了自己所管轄辦公室的一把鑰匙的樣品，交給了一名歹徒，也就是他的盜賊同夥。這把鑰匙正是用於開啟那架在從倫敦到巴黎的火車上所設定的堅固保險箱的，用以存放白銀黃金。這名盜賊隨後以蠟模複製出了一把真正的鐵質鑰匙。

得益於這把鑰匙，那位號稱「黃金大盜」的罪犯得逞多次。然而，

第十一章　節制醞釀財富

法律的權威卻是無邊的。不久後，這名盜賊最終落入法網，戴上冰冷的手銬。那位玩忽職守，輕率地將鑰匙「贈與」盜賊的瑞典皇家鐵路公司經理，看似外表堂堂，也已被逮捕、審判，最終被判流放異鄉。

後來出任紐蓋特監獄牧師的約翰・戴維斯，發表了一番言論，他對於年輕人犯罪的原因有著與眾不同的見解：

「我曾有幸結識一位年輕的海軍軍官之子。這位軍官在海軍上盡心盡責，誠實守信地服務於國家，可惜不幸早逝，留下了妻兒。令人欣慰的是，年輕人聰明勤奮，被政府錄用，擁有理想的工作。他將薪水上繳母親，以能夠分擔家用而感到自豪。母親還撫養著兩個正值成長期的女兒，憑藉微薄的退休金和兒子的薪資，全家人都過著安康美滿的生活。然而，這位年輕人出人意料地熱衷於時尚服飾。他似乎欠缺堅韌意志，未能領悟內在品德的可貴。雖然以照顧母親和妹妹為樂，但當他意識到自己的著裝不及他人時，他便感到不滿。其實，些許的髒汙只是工作所致，並非馬虎。但是年輕人並不這樣想，反而因為外衣而感到困擾，渴望更加體面、時尚。最終，他向裁縫訂購了一套筆挺的西裝，埋下了罪惡的種子。年輕人的外表確實華麗不凡，但是這種虛偽的外表卻只能帶來短暫的虛榮。為償還服裝店的債務，他竟然偷取他人的支票，這無疑是一個不可饒恕的行為。

警察隨即追蹤到該服飾店，並從中獲悉可能盜竊支票的人是誰。不久後，這名年輕人遭到逮捕，並判處流放刑，一時的光鮮外表換來的卻是犯罪的下場。倘若他當時仍穿著象徵誠實勞動的舊衣，或許就不會落得此般收場。這僅是一宗愚昧地迷戀於服飾的例子，而如今正有無數青年男女重蹈覆轍。」

作為一名久經沙場的軍隊指揮官，查爾斯・納皮爾爵士對在印度的軍

官隊伍中日益流行的賒帳習慣深感惋惜。在他離任前夕，納皮爾痛斥許多軍官缺乏償還債務的意願和行動，每天都有無數人投訴此類行為。他更發現，許多勤勉經商的紳士也因為追討無果而瀕臨破產。納皮爾嚴厲譴責這種令人鄙夷的行為，已然成為一種道德敗壞的信條：「與無恥之人為伍，與陰險狡猾之徒及道德淪喪的團夥勾結。」他強烈地要求軍官們恪盡職守，遠離奢靡浪費之習，在消費觀念上嚴格要求自己，明白「喝不花錢的香檳、啤酒，以及騎不花錢的馬都是一個招人所鄙視的卑劣行為。」

　　印度的這些年輕「紳士」的奢華行為，不過是國內同等群體奢靡生活的縮影。牛津和劍橋的學生被曝生活奢侈，卻將責任歸咎於教育他們的學校。這些不懂事的孩子，褻瀆了父母對他們的期望，辜負了學業，反而只學會如何作為受世人歡迎的「紳士」。在現今，成為「紳士」意味著淪為賭徒、賽馬手、紙牌玩家、獵手或花花公子。這種「紳士」生活節奏急促，揮金如土，飲酒無度，因此而短命。從前的貴族蛻變至今日的「偽紳士」。被雇用後，這些人的懶惰和奢侈比真正的知識分子和有操守的勤勞者更多。即使是年輕人，也喪失了對負債的羞愧感；道德敗壞遍及社會。人們渴望享樂，過度膨脹的欲望與其收入水準不符，卻仍奢侈消費，最終沉淪於債務之中。一旦沉淪於奢靡，掙脫便十分困難。輕易舉債卻不顧還款，這腐蝕了社會風氣，並且愈演愈烈，道德聲音消失了，大概需要很長的時間才能恢復。

　　對於能夠克制自身欲望的人而言，面對無法承擔的消費開支，最安全的措施即是謹慎行事，絕不能簽寫欠條或借債；萬一陷入債務，務必盡快清償。被債務束縛的人，將失去對自身生活的主導權，淪為商家與債權人的俘虜。此人也將在鄰里口耳相傳中成為醜聞。他像是自己家中的奴隸，品德敗壞，甚至親朋好友也會疏離、看不起他。

第十一章　節制醞釀財富

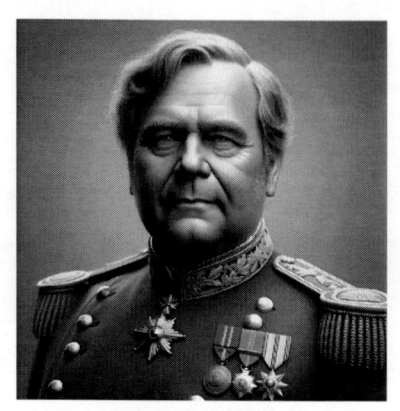

查爾斯・納皮爾爵士

蒙田曾說過：「當我償還債務時，我總感到一種輕鬆與愉悅，因為我已擺脫了沉重的包袱，也消除了作為金錢奴隸般的感受。」強森的說法亦非常中肯：「節儉，即是自由之母。」欠債之人難以自由，欠債的影響不可忽視，不僅傷害個人獨立性，長遠而言，更是道德沉淪之源。欠債者常陷於羞愧之中。誠實的品德受人尊重，而那些只借不還，或那些依靠人的錢維持優雅外表的人，自然會引來他人的厭憎。正如其他年輕貴族，多塞特伯爵亦陷於債務，他以家族產業做抵押而借貸消費。然而，一位市議員的抱怨終使他醒悟過來，從此決定量入為出，再不向他人借債。最終，他信守了自己的誓言。

對於那些依靠辛勤勞作謀生的人而言，掌握基本的數學知識可謂至關重要。不幸的是缺乏數學方面的教育，這些基本的加減乘除法則對於管理個人和家庭財務來說至關重要。若是無法精確計算收支差額，又如何能合理分配開支？缺乏數學素養必將導致金錢的浪費，甚至連累整個家庭陷入貧困。因此，數學教育對於所有人而言都是必不可少的。

年輕人常常出於衝動和幻想而輕率地走進婚姻殿堂。一位青年在舞會上邂逅一位貌美如花的女子，對她一見鍾情。他主動邀她共舞，並展

開了熱烈的追求，最終迎娶了這位美麗的佳人。回想起當初的點點滴滴，這位新郎如今仍然感到格外幸福。然而，當新娘走進丈夫的家中，她面臨著全新的生活方式和責任，須開始學習管理家庭事務。新婚夫妻都希望能夠建立安寧祥和的家庭生活，但是要確立彼此在家庭中的地位並非一蹴而就。有位女士表示，婚後的第一年是最艱難的，因為她需要學習大量新事物，而且擔心做得不好，所以未找到自己在家庭中的定位。經過持續的努力，憑藉善良和關愛，她終於克服了生活中的重重困難，一家人得以生活在幸福安康之中。

然而，我們不得不注意到，上述年輕人及其新婚伴侶的生活遠非如此安康美滿。他們在未經深思熟慮、相互了解的情況下草率成婚，如今正過著陌生而艱難的生活。也許是對純粹快樂的期待過高所致，他們未能妥善處理從戀人到夫妻的轉變，也未做好承受小麻煩和惱人事物的心理準備。經歷短暫的相處後，雙方均感到頗為失望。那種魅力、新鮮感和吸引力如今早已蕩然無存。美麗的容顏如今備受冷落，妻子只能倚仗眼淚尋求片刻寬慰，然而，眼淚對雙方來說均是一種刺激，並非可隨意運用的武器。如果雙方能以和善、樂觀和寬容的心態對待一切，那麼必定過上幸福的生活！無數家庭因相互任性、無謂的煩惱而陷入不幸，直至雙方原有的個性難以復原，想要理性地享受生活也只是一種幻想了。

智慧是一個家庭令人羨慕的恩賜。

儘管它無法像溫暖賢善的心那般煥發人們對事物的熱愛與關懷，但是它卻能以近乎無痛的方式培養人們的耐力，成為幸福生活的基石。若非有它，原本美滿的生活，恐怕早已被無謂的爭執與情緒失控所踐躪。我們常見男女雙方為微不足道的事物爭論不休，視彼此如仇敵，旁人不敢勸阻，深怕激起更大的憤怒。正是因為缺乏寬容，人們難以自發地讓

第十一章　節制醞釀財富

步,從而導致一連串的不幸事件。如此一來,幸福頓時化為痛苦,生活變得艱難。

一張好看的面容或許能引起一時的迷戀,但是一段真摯的感情需要建立在更深厚的基礎之上。當一個人只被容貌所吸引,而忽視了內心的品性,他終究會在感情的考驗中迷失方向。同樣地,一個男人若只將一個家視作生活的場所,而缺乏對它的感情投入,也很難維持婚姻。一旦外表的吸引力消失,或是家的溫暖不再,他便容易放任自己沉淪於世俗的娛樂之中,忽視了真正需要關注的人和事。原本可以是幸福港灣的家,也很難為人帶來慰藉,反而成為一個不得安寧的地方。

在子女成長的歷程中,部分父母缺乏適當的養育方式。有些嬰兒被當作玩物,少年時期又看作洋娃娃,直至步入青春期才被視為勞力。這類未能正確栽培子女的夫婦,鮮有安寧、幸福、溫馨的時光。家庭失去慰藉之時,等待他們的只有無窮的痛苦;生活欠缺歡樂,雙方不盡義務、缺乏同理心,親情也逐漸消退。

正如世人所言:「當貧困降臨於家門時,你的愛便會從窗戶中逃走。」然而事實並非如此簡單。貧困之家並非唯一失去愛的所在,富裕之家也常見愛意逃走。缺乏關愛與快樂之處,無論貧富,皆難容納愛的存在。一個不大但舒適的家中,擁有齊全的家庭用品,裝飾精緻、乾淨整潔,卻缺乏歡樂的氛圍。這個地方欠缺滿足、幽默、光采四射的幸福面容。物質的舒適只是家庭幸福的一小部分,精神狀態在相當程度上決定生活幸福或痛苦。

許多年輕人在完婚後,卻不考慮他們日後的生活。他們並未將婚姻視為重要的人生大事,幾乎遺忘了「一言既出,駟馬難追」的道理。當初的誓言也不過是空談。有句話說:「婚姻就像抽籤。」對這些年輕人而言,

事實恐怕正是如此。若他們拒絕接受謹慎的忠告,不願檢討、質問和思考自己的行為,若他們選擇人生伴侶的考慮還不及於雇用一名隨時可解雇的僕人,單單注重容貌、外表和財富是否有吸引力,任憑一時衝動或貪欲支配,在此情形下,婚姻確實如同抽籤,你也許能抽中吉籤,但是也有抽中凶籤的百倍可能。

我們可以採取一些措施以避免抽籤般的婚姻。比如,如果女士們能夠被清楚地教授如何戀愛、如何評估男友是否具有良好的品性,而非單純迷戀虛幻的表象;如果男士們在追求女伴之前,能夠仔細考慮這個終生相伴的妻子是否具有美德、善行和真誠的品格,這些品德因素是幸福家庭的基礎;那麼他們就會意識到婚姻並非隨意抽籤,也並非如做生意那般存在風險。無論男女,只要能以長遠的眼光和敏銳的判斷力審視自己的行為,就更有望獲得幸福美滿的未來。事實上,任何人都會犯錯誤,但是沒有什麼錯誤會比賭注一生幸福於盲目的婚姻上更令人悲傷的了。

在某些情況下,勇於說「不」至關重要。當誘惑出現在你面前時,你必須果斷且立即地拒絕:「不行,我無法承擔這個。」許多人因缺乏道德勇氣,而不敢這麼說或這麼做。他們只顧及自己的滿足和享樂持度,無法否定自我的行為。他們寧願屈服於「自我享受」。然而,這往往導致貪汙、詐騙,甚至是自我毀滅。社會如何看待這種情況呢?「這個人的享受和奢華超出了他的支付能力。」而那些曾接受過他款待的人,沒有一個會感激他,更沒有一個會同情他,甚至沒有人會幫助他。

這世間有種從來都不說「不」的人。這種人除了自我,與全天下的人都是朋友,因此他沒有敵人,但是他最大的敵人就是他自己。這種人會很迅速地花完自己的錢,然後就找到朋友,向朋友借錢或者做貸款的擔

第十一章　節制醞釀財富

保。當他把最後一分錢花光的時候，就是他離開人間的時候。而他所留下的只有那些雖無惡意，卻是十足愚蠢、令人恥笑的名聲。

此人顯然將「有求必應」奉為行事準則。然而，究竟是出於誠摯的善意，還是出於畏懼得罪他人的心理，實難斷言。有一點可以確定的是，他很少被要求簽署申請書、投票、借款或開具支票等事宜，因為實際上他也難以做到。然而，他卻又缺乏拒絕的勇氣，常被一些熟悉他的人戲謔地指出這一點。

一位年輕人繼承了父親留下的少許資產後，立即遭到一些貪婪之輩的圍攻。這對他來說，正是需要展現勇氣拒絕的時機。然而，由於長期以來養成了順從的習性，他習慣了受人喜愛，無法拒絕他人的要求，甚至對那些強硬的要求也心軟相從。於是，他的朋友們紛紛上門，要求他在各種檔案上簽字作保。儘管他心中疑問，卻仍以好意相待，很少拒絕。結果，三個月後，他面臨了一大筆沉重的債務。

隨後，他擔任保證人的一位麥芽商人遭遇了意外的業務挫折。此人和他僅僅有一面之緣，在基金和股票交易中栽了跟頭，最終徹底破產。在此情況下，這位善良的人被要求承擔沉重的償還責任。對他而言，這無疑是致命一擊，他瞬間淪為窮人。然而，他並未從中吸取教訓，反而繼續成為他人求助的對象。每一個有需要的人都能在他身上獲得幫助。簡而言之，他就是一個終生無法拒絕別人的「好心人」。

如果一個人想要生活在平靜、順利、快樂的環境中，那麼他就應當在恰當的時候，勇敢地說「不」。許多人就毀於不能說，或沒有說這個「不」，而使自己失去了很多東西。也正因為我們沒有鼓起說「不」的勇氣，導致罪惡橫行於世。這麼一個簡單的字，我們竟需要如此大的勇氣才能說出口。公務在身的人不敢隨便說「不」，因為他隨時都有可能被

開除；當一個十分富有的蠢男人向美女伸出手的時候，她很難開口說出一個「不」字，因為她的前途要依靠這個「財產」；阿諛奉承的人不會說到這個字，因為他必須隨時面帶微笑，對別人說的一切都會熱情地答應下來。

當感官愉悅的誘惑降臨，一定要勇敢地說出「不」，然後回顧自己的所作所為，你必定會感受到決策的正確性。透過實踐，人性中的美德會越來越堅固。當放縱和享樂誘惑你時，你必須堅守信念，立即拒絕。若置之不理、隨波逐流，美德將離你遠去，你的自主性也將蕩然無存。雖然第一次說「不」需要些許努力，但越是實踐，便越顯得輕鬆。對抗空虛、自我放縱、愚蠢行為以及陋習，唯有堅定果斷地說「不」。真正的美德，體現於恰當時機所說的那個「不」字。

若一個人不能做到量入而出，他將一無所有，最終將死在債務深淵中。即便進入墳墓，社會依舊控制他。他必須以社會所要求的方式下葬，舉辦一場時尚隆重的葬禮。從棺木布料、帽緣飾品、靈車隊伍到雇傭送葬隊都要講究。然而，雇傭的送葬者假意的悲痛，是如此的毫無價值，又是那麼的奢侈浪費。

在富裕的上流階層中，這種無用卻價格高昂的葬禮鬧劇所引發的不幸，要比中產階級和勞動階層的略少一些。人們將隆重的葬禮視為「身分的象徵」。中產階層的人們努力爭取能進入上流社會，能成為那些死後會有送葬隊的富豪階層。像那些「地位更高的人」一般，他們最終也成為承辦商的犧牲品。這使其他人更加追隨這種做法，認為「他們怎麼做，我們也得這麼做。」多數人都願意花這筆錢，他們讓朋友、僕人或自己親自去服喪，這樣的葬禮才算體面。

對於經濟能力薄弱的家庭而言，這樣奢侈的殯葬負擔實在沉重。若

第十一章　節制醞釀財富

該家庭的主要經濟支柱不幸離世，所有後事便落在喪葬承辦人肩上。一位悲痛欲絕的寡婦，或一名失去父母庇護的孤兒，如何能不與商人討價還價呢？畢竟每一分錢都攸關他們的未來生活。然而在這個特殊時刻，他們不得不將積蓄掏空，用在這種庸俗浪費且虛偽的葬禮上。相比之下，花錢在生者身上，難道不會比花在死者身上更有意義嗎？

喪葬習俗在各階層社會中均有其生存空間，即便是生活艱困的中下階層也是。以收入水準的比例來說，勞工階級和中產階級所承擔的損失並無二致。在英格蘭，商人的葬禮平均花費約 50 鎊，而勞工的葬禮僅需 5 至 10 鎊。不過，在蘇格蘭，葬禮費用則相對較低。勞工階層樂意為永遠離去的親人舉辦體面的葬禮，這為他們帶來榮耀，雖然他們不願在其他事項上過多花費，卻樂於在此上投入。多數工人俱樂部實質上也是喪葬俱樂部。通常，為丈夫和妻子舉辦葬禮分別需要 10 鎊和 5 鎊。但是有時，某機械工的葬禮費用甚至高達 15、20、30，甚至 40 鎊，這是因為他同時是數個喪葬俱樂部的成員。在此情況下，主喪者需款待並「安排」這些俱樂部的成員或會長參與葬禮事宜。令人意外的是，為孩子投保數個喪葬俱樂部的人壽保險並不罕見，甚至有人在曼徹斯特購買了不少於 19 個不同的喪葬俱樂部的保險。

對於不屬於任何喪葬俱樂部的家庭而言，當中有人身故的時候，其葬禮事宜仍由這些俱樂部主導操辦。然而，死者家屬必須向俱樂部支付高額費用，作為使用其人力及物力資源的代價，俱樂部才能為亡者的遺孀或子女舉辦一場莊重的葬禮。倘若死者為家中的主要經濟支柱，情況可能會更為嚴峻，因為其畢生積蓄將於喪期被家人耗盡。為舉辦一場體面的葬禮而付出家中全部積蓄，不僅對生活造成破壞，也是不合理的做法。

難道穿著特定顏色的禮服才是真正的哀悼者嗎？我們難道不應該用內心的悲傷來表達哀悼，而非依賴於虛偽的外表？賓厄姆在談及早期基督徒時提出，他們對葬禮習俗「既不表示譴責，也不表示贊成，只是把它當作一件無關緊要的事，留給人們一些採取任何方式的自由。」

約翰・衛斯理在遺書中這樣寫道：「我希望自己的葬禮簡單樸素，不需要靈車或盛大的送葬隊伍，我只希望被愛我的人們的眼淚所環繞，以此回歸上帝的懷抱。我以上帝的名義，懇請我的葬禮執行人遵從我的決定，完成我最後的心願。」

這種傳統習俗在我們的生活中已根深蒂固，尤其在這個時代，要改變實屬不易。我們仍然想要改變它，然而通常都會面臨許多問題，例如「他人的反應將如何？」以及「社會上會引發何種波動？」

面對這些問題時，我們或許會退縮，然而，透過反覆宣傳，也能對人們產生一定影響，留下深刻印象。隨著時代推移，這種社會風尚終將改變。正如阿得雷德女王臨終前要求免除送葬隊伍；羅伯特・皮爾爵士也拒絕奢華葬禮，呼籲以簡單方式安葬。他們的舉動對社會風尚產生影響，中產階層也因此受益。我相信，仍有一些人能遏止毫無意義的奢華葬禮趨勢。只要持續宣揚新思想，增強知識和洞察力，我們便能在這方向推動有效改革。

美國已經出現一些社會組織，其成員拒絕舉行葬禮，並鼓勵他人也如此。或許，唯有透過大眾的集體力量，才能實現改革喪葬儀式的目標，因為個人的力量微不足道，難以抗拒民眾根深蒂固的偏見。

第十一章　節制醞釀財富

第十二章　債務猶如利刃

> 單單憂慮焦急而不付諸實際行動，縱使等候百年，也難以賺取一文錢。
>
> ── 法國諺語

> 假如我們的生活裡沒有數學會變成什麼樣子呢，是否會充滿恐懼？當你進入布洛涅 ── 債務之城時，你會發現那裡的居民從未理解過數學。
>
> ── 席尼・史密思

> 債權人比奴隸主更惡劣。雖然奴隸主能掌控受害者的人身自由，但是債權人卻能奴役他們的尊嚴，並且能夠踩躪、玷汙它。
>
> ── 維克多・雨果（Victor Hugo）

第十二章　債務猶如利刃

　　當人陷入債務泥沼時，他們往往難以意識到自身所面臨的困境。對於債務的來源無須過多探討。然而，債務就如擱置於身上的沉重巨石，直至生命的盡頭才能解脫。猶如夢魘纏身，債務問題不僅影響家庭幸福，更可動搖家庭的安定。

　　即便是那些定期獲得豐厚收入的個人，亦可能遭遇債務困擾而感力不從心。那麼，個人能採取何種措施應對？如何以節儉的方式為家人累積財富，保障他們的未來生活？一旦陷入債務糾纏，個人無法確保自身正常生活，也難以維護房產與資產，更無法存入銀行，因沒有剩餘資金；其全部淨收入都必須用於償還債務。

　　即便是腰纏萬貫的富翁，一旦背負沉重債務，他們也往往會陷入情緒低落、心力交瘁的困境。或許是他們自己，或是先輩已培養了揮霍金錢的惡習，如賭博、賽馬或奢華生活，他們以房產、工廠等不動產作抵押，借入大量資金，最終難逃債務纏身的下場。上層社會早有安排：待他們離世，所留欠債可一筆勾銷，使他們生前任意揮霍、滿足奢侈嗜好的同時，也免去後代繼承其債務的負擔。但是並非人人皆享此等特權。大多數情況下，繼承人除了獲得不動產，也要承擔相關債務，且債務往往超出資產價值。因此，大片土地成了抵押品或貸方的資產。

　　即便是最卓越的人物也難免陷入債務糾纏。有人曾斷言：「偉大與負債存在某種必然聯繫。只有偉大的人才能累積鉅額欠款；這是因為他們享有高信譽，貸款人願意向他們提供大量資金。偉大的國家也是如此；受人尊崇，信用得到保證。普通百姓無債一身輕，小國也是如此；因為無人相信他們，不願向他們貸款。無論是個人還是國家，欠債必須支付利息。他們的名字頻頻出現在帳簿上，人們據此揣測他們的還款進度。沒有債務的人悄無聲息地度過一生，鮮少引起關注；而名列債單的人引

發眾人矚目。人們關心他們的健康狀況，而他們一旦到國外，就有人焦急地期盼他們歸來。

在社會普遍的觀感中，債權人往往被描繪成面目猙獰、冷酷無情的存在，而債務人則往往被賦予慷慨大方、樂於助人的美好形象，成為大眾同情的對象。然而，實際情況卻常有不同。以奧利弗·戈德史密斯（Oliver Goldsmith）為例，當他因拖欠房租而遭到逮捕時，人們很少會想到他和房東所面臨的困境。儘管如此，人們對債務人仍抱有同情心理。正如彭達戈路爾對巴卯奇所問：「如果沒有債務你會做什麼呢？」巴卯奇回答道：「沒有負債的話，一開始我就站在跟上帝同一邊！」

「在你看來，借款或者為他人提供信用貸款中存在什麼神聖的東西嗎？」彭達戈路爾接著問。「顯然是沒有的！因為欠債是一項真正的英雄之舉。」

債務纏身的人所面臨的窘境與掙扎確實叫人唏噓。雖然他們可能得到他人的一些恭維之詞，但是這些詞語卻帶有諷刺和羞愧之意。為了維持生活，他們不得不採取令人不齒的臨時對策。債主及執法人員的不斷糾纏，迫使他們屈身乞求。只有少數的債務人能夠像菲利普·謝里登（Philip Sheridan）那樣，輕鬆自如地應對那些催債的人，謝里登竟然把他們請到馬房，在那裡招待他們。但是在一般情況下，大多數人在聽到敲門聲時仍不免臉色蒼白。親友漸行漸遠，他們備受排斥，內心充滿絕望。他們急切地尋求金錢以恢復歡樂和尊嚴，卻陷入債務漩渦，淪為受人鄙夷的可憐人，最終不得不屈從他人的刁難，喪失自主，唯有祈求別人憐憫。即便獲得援助，也不過是從一個困境跳入另一個。令人唏噓的是，他們的結局似乎只有卑躬屈膝，或度餘生於監獄。

第十二章　債務猶如利刃

英國政治家謝里登

可以理解每個人在生活中都會面臨欲望與理性之間的博弈。事實上，遵循「適度借債」的原則是避免陷入道德困境的關鍵。我們應當認清自身的財務狀況，合理規劃開支，避免盲目追求高昂的物質享受。當無力償還時，不應掩蓋事實，而應誠懇面對，尋求他人的諒解與支持。生活的價值並非建立在奢華之上，而在於內心的充實與自我實現，只有釐清了這一點，我們才能在財務自由與獨立自尊之間找到恰當的平衡點。

我們不應該過著以債務度日的生活方式，也不應該為了今日的奢華享受，而預支未來的收入。無論是債權人還是債務人，都將受到譴責：債權人提供貸款並鼓勵客戶或弱勢者貸款，而債務人則為滿足自身欲望和需求而貸款。若能避免借貸，個人便能掌握自身的確切處境，以收入為支出界限，恰當合理地分配收入，並存起剩餘款項以備不時之需。如此，必可維持財務平衡。若能以現金支付所有購置，家庭帳戶定能年年盈餘。

然而，當支出帳單迅速增加時──裁縫店的欠費、服裝店的賒帳、肉店的帳單、雜貨店的帳款等等；一連串的帳單令人手足無措，無法承擔每一筆開支，債務逐漸堆積如山。然而這個過程卻是悄然發生的，個

人並未覺察，仍舊隨意出入消費場所，彷彿家中新置的物品都是白白得到的，實際上它們都已記入帳單。到年終結算時，一連串催款的帳單送到手中，面對這厚厚的一疊帳單，只能感到無助，內心充滿悔恨和沮喪。此時才領悟到：短暫的快樂要以終生的不幸作為代價。

貧困人士亦不能倖免於此。數年前，為協助小商人及窮人解決最基本的生活需求，國會頒布法案設立小型貸款機構。此舉為勞動階級帶來借貸及以抵押未來收入的方便條件。然而，部分貪婪之徒將此法視為獲利良機，組建貸款俱樂部，公開向有需要的人提供年利率5%的貸款，並按週分期償還。窮困的勞動人民急於藉此管道借款，有人為了片刻快樂，有人為了置辦新衣，也有人想要購置精美的時鐘等等。相比存款，此類人更傾向向貸款俱樂部借錢，並且願意長期身陷困境及貧困生活。如此借貸的生活不如自力更生，憑藉自身的努力來維生。

那些狡猾的貸款俱樂部合夥人，確實善於榨取人們的金錢。假設他們借出10英鎊，期限3個月，利率5%。如果採取分期償還，從貸款第一週開始，每週需支付10先令。雖然10先令是每週還款，但5%的利息卻是根據貸款總額計算。因此，名義上利率是5%，實際的利息卻不斷地上升，直到最後一週，債務人的實際利率高達100%！這就是所謂的「養雞吃蛋」。

對於那些才能出眾的個體而言，他們更容易陷入債務困境。才能與節儉或自我約束並非必然相關，才能也不會影響僵化而缺乏靈活性的一般數學算法，才能卓越的人往往也忽視了培根所謂的「商業智慧」。然而，培根卻未能遵從自己的忠告，因為一時的奢靡而終至毀滅。年輕時生活清苦的培根，成年後卻陷入了更大的經濟困境。他追求奢華生活，過度開支耗盡了收入，使他陷入了債務糾纏。有一天，培根從臥室走到

第十二章　債務猶如利刃

客廳，發現幾位債權人正在那裡等候，他說：「先生們，請坐著別動，你們的起身就意味著我的倒下。」為了償還債務，支付所需，他不得不接受賄賂。就這樣，培根被對手打敗了，被判有罪，被免職並且險些破產。

即便擁有卓越的總體財政金融管理才能，個人經濟事務卻可能淪為一片混亂。雖然在國家財政管理上表現出色，但是皮特先生的個人債務卻日益沉重。應皮特先生的請求，銀行家卡靈頓勳爵查閱了他家的帳目，驚訝地發現，單是每週付給屠夫的肉錢，就要 1 英鎊，加上僕人薪資、家人夥食費等日常開支，全家一年總消費更超過 2,300 英鎊。儘管皮特在逝世時獲得政府給他的 40,000 英鎊來償還債務，但是事實上他每年收入從未低於 6,000 英鎊，他同時還擔任五港同盟監督官一職，每年更可額外獲得近 4,000 英鎊。麥考利指出，皮特擁有伯里克利和德威特般公正無私的美德，但是若能像他們那般秉持高尚的儉樸精神，其社會地位定能更顯卓越。

皮特先生並非唯一的例子。以梅爾維爾勳爵為例，其管理私人事務的方式與管理公帑時一樣——揮霍無度。而福克斯作為一位大債主，其座右銘是：「若一個人願意償還足夠多的錢，那麼他自己就不必擁有什麼錢了。」福克斯更是將阿馬克的外廳稱作「耶路撒冷大廳」，因為他經常在此處向猶太放貸商人以高利貸借款。他最為惡劣的嗜好無疑是賭博，早年便因此負債累累。據吉本說，福克斯曾經連賭近 20 小時，輸掉了 11,000 英鎊，驚人的豪賭在當時上流社會中或許還算平常，人們還不知道作弊。塞爾維恩亦曾以「殉道的查爾斯」來描述福克斯的賭博損失。

謝里登先生可謂是一位掙扎在債務中的人物。儘管他有一些可以獲得豐厚收入的方式，但是沒有人知道他的錢都去哪了。不論是用妻子的積蓄進行為期 6 週的長途旅行，還是頻繁舉債購置房地產，謝里登先生

的財務狀況一直處於動盪之中。他的創作生涯也許正源於貧困，即便後來獲得了財富，他依然債臺高築，在躲避債主的陰霾下度過人生的大部分時光。正如一位劇院經理所言：「若在大街上遇見謝里登，如果他脫帽向我表示致意，我就不得不借給他 50 英鎊；如果他停下和我說了幾話，那我就要損失 100 英鎊。」可見他在財務方面的無法自控。整體而言，謝里登先生的人生可謂是精彩紛呈，但是很難說他是一位成功的財務管理者。

培根是英國文藝復興時期的大文豪

有一天，謝里登的一名債主騎馬上門催收欠款。「哦，這真是匹出眾的馬啊！」謝里登殷勤地對債主說。「你也這麼覺得嗎？」債主問。「它跑得如何？」謝里登接著問。債主得意洋洋地說：「你應該親眼看一下。」話音剛落，他即飛身上馬，急速疾馳而去。謝里登抓住此機會，立即躲藏到就近的角落裡。每天早上，各方債主都會出現在他家門前，企圖在他出門前攔截他。他們在走廊裡等候，當謝里登吃早餐時，他總要問：「約翰，門都關好了嗎？」確認後，他就小心翼翼地從中間溜走。他四處借債，欠下雜貨商、麵包師、牛奶工和屠夫的錢。有時，他的夫人還得

第十二章　債務猶如利刃

向鄰居借來咖啡、奶油、雞蛋和現金，費時約一小時，才能準備好一頓早餐。當謝里登擔任海軍會計長時，有次一名屠夫送來一大塊羊肉，廚師立即將肉放到鍋子裡煮。但是當他向謝里登要錢時，卻沒有成功要到錢。屠夫只得無奈地開啟鍋蓋，取回那塊幾乎熟透的羊肉。即使生活如此窘迫，一旦應邀帶兒子湯姆去農村的時候，謝里登仍會奢華地雇用兩輛雙輪馬車——自己乘一輛，兒子獨占另一輛。

奢靡與過度負債的結局往往以慘淡收場。在他去世的前幾週，他就已經沒有賴以為生的食物了。他的那些貴族朋友也徹底地拋棄了他，欠下的債務也需要馬上清償。他生命中的最後幾天是在治安官的監管下度過的。而他之所以沒有被轉移到監獄，僅僅是因為人們相信這樣的轉移會加快他的死亡時間。

拉茲樞機主教為了還債，賣掉了他的一切財務，但是仍難以恢復自由。為了避免見到債權人時的尷尬，他寧願被囚禁於維塞尼斯城堡中。米拉波的一生都在負債中度過，由於過度揮霍養成惡習。父母唯一能夠使他擺脫困境的方法，就是弄來一份逮捕令，然後將他監禁。雖然米拉波執掌國家大權，然而臨終時，仍可悲地欠著裁縫製作結婚禮服的費用，可見其生前確實揮霍無度。

阿方斯・德・拉馬丁（Alphonse de Lamartine）一生曾六次擁有致富的機會，然而最終他卻只能靠接受公眾捐助維生。他公開表示自己痛恨數學，認為數學會削弱每個崇高思想的光彩。這樣的想法迫使他過上躲躲藏藏的生活。單是他的一部普及性著作《文學普及教程》，在短短一年內就為他帶來了20萬法郎的收入，但是這些金錢很快就消失殆盡，因為他負債高達300萬法郎，但是他仍舊熱衷於奢華的生活方式。有一次，一位拉馬丁的崇拜者為了節省開支而沒有購買拉馬丁的房地產。這位崇拜

者想在魚販那裡買一條比目魚,但是發現價格對他來說實在太高,就在此時,一位看起來地位顯赫的人物走進店裡,在比目魚前駐足片刻,未詢問價格,輕易地就訂購了幾條魚,並要求店員送到他家。這位人物正是拉馬丁。

美國政治家丹尼爾·韋伯斯特(Daniel Webster)長期陷入財務困境,這源於其生活奢侈且缺乏理財能力。有人指出,他可能跟培根一樣接受賄賂以維持生計。美國的政治巨擘詹姆斯·門羅(James Monroe)和湯瑪斯·傑弗遜(Thomas Jefferson)也飽受經濟困擾,捲入債務糾紛。這似乎反映了當時公眾人物財務狀況的普遍困境。

19 世紀法國浪漫主義抒情詩人拉馬丁

不可否認,當今多位知名公眾人物的生活方式常常導致過度消費。他們或許僅屬中產階層,甚至更為貧困,然而卻缺乏坦誠面對現實的勇氣。為了維持虛假的社會地位,他們單一地認為只有像其他人那般行事才能叫做體面。此舉使他們陷入了債務漩渦,承受著由此帶來的種種煩擾、痛苦與欺瞞。

許多科學家往往不願在社會上引人注目,因此相較於其他從業者,

第十二章　債務猶如利刃

他們所面臨的債務困境可能較為少見。多數科學家過著清貧的生活，但是仍謹慎地控制支出不超過收入。然而，約翰尼斯·克卜勒（Johannes Kepler）一生都在與貧困和債務鬥爭，這主要源於他的收入狀況。作為德國首席數學家的克卜勒，竟然常年債務纏身。在生活貧困的壓力下，他不得不賣掉了基督誕生圖。他曾這樣寫道：「我只能靠在國庫門口乞討維生。」臨終時，他的口袋裡僅剩 22 個卡洛林，遺物也不過是兩件襯衫、幾本書和一堆手稿。至於哥特弗利德·萊布尼茲（Gottfried Wilhelm Leibniz）逝世時留下的，只有一堆債務。造成這個現象的主要原因在於：他既是哲學家，又是政治家，常常拜訪外國法官，為了與其社會地位相稱，他不得不打扮外表，在禮節等方面投入大量資金。

巴魯赫·史賓諾沙（Baruch Spinoza）的生活雖然艱辛匱乏，但是他卻拒絕依賴他人，寧願自力更生。他透過為眼鏡商打磨鏡片而維持基本生活，並毅然拒絕教授職位及津貼，堅持獨立自主的人生道路。約翰·道耳吞（John Dalton）則是一個鄙視金錢，視之如糞土的人。曾有人提議供應他在曼徹斯特的一切生活所需，但是他婉拒了，因為他希望以餘生從事科學研究。他坦言，如果他擁有大量財富而從事教職，那就難以像以往般投入研究。至於麥可·法拉第（Michael Faraday），雖然只擁有小部分的財富，卻能享有高尚的自立。約瑟夫·拉格朗日（Joseph-Louis Lagrange）認為父母的貧困反而成就了他的聲望與幸福。法拉第的父親是圖林的一位皇家天文學家，而拉格朗日說，假若自己是個鉅富，恐怕就無法成為一位數學家。

在科學界的偉大人物中，約翰·韓德爾無疑是最偉大的債務人。他將自己全部的財富悉數用於購置各種收藏品，如今這些珍品都珍藏於以他命名的博物館之中。韓德爾的收藏涵蓋一切可以用金錢購得的珍品，

然而，他的家人卻陷於貧困。韓德爾將其收藏品以 15,000 英鎊的總價出售給國家，不僅清償了自己的債務，同時也將自己的名字留在了歷史的長河中。

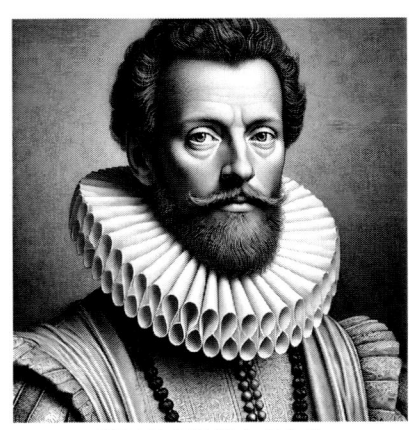

德國首席數學家克卜勒

不少傑出的藝術家均經歷了艱辛的奮鬥歷程，從貧困走向成功。但是也有一些藝術家一生都處於貧困狀態，這主要是因為他們缺乏節儉精神和財務管理能力。如著名畫家揚·斯滕（Jan Steen），他因為過度沉溺於自釀啤酒，而長期生活在貧困之中。他曾先後經營過釀酒商和酒店，有時喝酒，有時畫畫，最終也是債臺高築而終。然而，在他去世後，其作品卻日益升值，現已成為珍貴的藝術瑰寶。

儘管安東尼·范戴克（Anthony van Dyck）的收入並不多，但是他卻熱衷於奢華的生活方式，追求享樂的人生。因此，他每月的開支大大超出了收入，使他陷入沉重的債務困境。為了挽救自己的財產，他曾一度投身於研究鍊金術，企圖尋得點金石。到其生命的最後階段，他終於重拾昔日的地位，並為妻子留下了可供舒適生活的財產。林布蘭（Rembrandt）由於熱衷於藝術，也步入了財務危機。他是個酷愛繪畫、武器和

第十二章　債務猶如利刃

古董的收藏家,這些嗜好讓他的生活陷入艱難的境地,最終宣告破產。他的全部財產受到法律監管長達 13 年,直至他離世。

義大利傑出藝術家大多性情溫和、節制有度。正如海登在《自傳》中所言:「天才之所以能過上富足幸福的生活,皆因他們將生活儉樸與事業出眾結合在一起了。」然而,海登本人的處境卻與此大不相同。他一生都在與貧困和欠債抗爭不休,債臺高築,一筆才剛還清,隨即就被捲入另一筆。他甚至因為債務問題曾遭監禁。海登的自傳中記載了無數與律師、執法人員的爭執,以及債主的窮追不捨。

傑出的文學巨匠威廉・古柏(William Cowper)持有一個獨特的觀點,他認為很少有詩人懂得節儉生活,然而,這番話無疑也是在暗指自己的生活作風。即便在他寧靜的退休時光裡,他仍不得不隨時保持謹慎,遠離警方的監視。他曾寫道:「在優秀的理財能力和對經濟狀況有明確認知的幫助下,我成功地在 3 個月內僅花費了 12 個月的開支。」儘管許多詩人確實過著極為奢華的生活,但是我們不得不舉出一個反例——莎士比亞。在眾多作家中,他無疑是最傑出的一位。雖然他過著節儉簡樸的生活,但是對於自己的收入,他卻十分節制地加以使用,從而確保了家庭的生活安逸。相比之下,在他那個時代的許多作家,卻深陷於債務困境之中。以本・強森為例,他常年身陷貧困。每當他設法借到錢時,往往都會跑到孟麥德尋歡作樂。馬辛傑也經常陷入無力支付酒店帳單的窘境。

多位詩人和作家也曾歷經與之相類的遭遇。譬如約翰・米爾頓(John Milton),雖在逝世時無任何未償債務,但是他最後的時光卻並不光榮。《休迪布拉斯》作者馬特勒在巷子中餓死。奧特更是被追債官員逼至藏身之所的最後一隅,生前最後一事,便是向紳士乞討 1 先令,買了一塊麵

包後狼吞虎嚥地吃掉它。亨利・菲爾丁（Henry Fielding）早年放蕩無度，困頓終生，以貧困告終，將妻子和兒女遺棄在了國外。

　　薩維奇每年只能領到 50 英鎊的微薄津貼，然而即使如此，這些錢也很快就花光了。當時社會上正流行一種金色絲帶裝飾的紅色大衣。有一天，強森遇到了他，當時他剛領到了津貼，身穿最新潮的外套，但是破舊不堪的鞋子卻露出了赤裸的腳指頭。經過一生的放縱和不負責任，薩維奇因為債務而入獄 6 個月，最終死在了監獄中。強森感嘆道：「我們不應只見其罪，而是從中警醒那些自以為聰明，蔑視平凡生活標準的人，節儉的價值是無可比擬的；放縱的習慣和作惡使知識也失去了價值，人們嘲笑智慧，更加鄙視才能。」勞倫斯・斯特恩（Laurence Sterne）雖然一貧如洗，卻未欠任何人債務，他的家人在他去世後獲得了社會援助。溫斯頓・邱吉爾（Winston Churchill）由於揮霍無度而入獄，古柏概括其一生「既浪費金錢又浪費才智」。理查・斯梯爾（Richard Steele）擅長思考，常有機會致富，但是終生與債務為伍，寧可揮霍也不顧及適度。他即使任職為郵票委員會官員，仍然維持奢侈的生活，最終再次被扣押入監，家人已經無錢買生活必需品了，斯梯爾則泰然自若，認為偉業終會在需要時出現。他的一大計劃是在倫敦售賣鮮魚，以改善妻子生活，但是好日子終未到來，他最終死在威爾斯一處住所的扶手上。

　　戈德史密斯是一位瀟灑、自在的債務人。他就像是漂浮在欠債汪洋中的一艘小船，永遠無法抵達彼岸。他剛剛清償一筆債務，就又捲入另一筆，並陷入更深的困境。他靠家庭教師的工作賺來的全部財產買了一匹馬。他的親屬給了他 50 英鎊，讓他去內殿法學院學習法律，但是在離開都柏林之前，他就把所有的錢花光或是賭光了。後來他去愛丁堡學習醫學，因為要擔保一位朋友所以又匆匆離開。此後，他展開了歐洲

第十二章　債務猶如利刃

之旅，身無分文，只有他的笛子，沿途流浪乞討。當他回到英國時，依然一貧如洗。後來，他常常說：「在歐洲的每個國家，都有我欠下的債務。」

英國詩人米爾頓

儘管戈德史密斯最終實現了獨立賺錢的目標，但是他仍陷入了鉅額債務的困境，生活拮据。他賺來的錢立刻就被揮霍一空，頻頻被催討牛奶費、飽受律師的威脅，甚至因為拖欠房租而遭到逮捕入獄。然而，他並未從中汲取教訓，依舊缺乏節儉的意識，繼續惶恐不安地生活著。就在他新版《威克菲的牧師》發行那月，他開具的一張15畿尼的支票遭到退回。即使在宴會上，他穿著著價昂衣飾，卻直到生命終結都未為這身華服付費。

經濟的繁榮不僅沒有減輕他在經濟上的困苦，反而加重了他的負擔；他掙到的錢越多，他就越不考慮生活上的開支，並且肆意揮霍。他無法拒絕誘惑與享受。他還會用從別人那裡借來的1畿尼施捨給乞丐。他能把自己的衣服脫下來送給那些有需要的人，把自家床上的毯子拿掉送給別人。他就是這樣，從來沒有拒絕過別人的任何要求。為了彌補過度的

開支，他甚至用寫許諾書的方式取得別人的信任，從而向人家借錢，但是事實上，這種方法根本行不通。他經常是過了今天就不考慮明天，常常把抵押過無數次的房產證再拿去抵押。他的一生都是一貧如洗、艱辛困苦和負債累累，雖然他有過短暫的奢華生活，但是直到他死的時候，他的負債已經超過 200 英鎊。有人曾這樣評價他：「這樣的詩人會取得大家的信任嗎？」

上面提到的戈德史密斯與其他人的例子很好地證明了這個世界是如何粗暴地對待這些天才人物的，同時也證明了這些文學家和藝術家在應付社會生活上是多麼的無能。有些人認為社會應該多寬容他們的天才，政府也應該為他們做更多的事情。但是如果他們自己不願像普通人那樣自尊和節儉，那麼社會或者政府好像也不能為他們做什麼了。或許我們會同情戈德史密斯的困苦生活，但是我們必須看到，自始至終戈德史密斯的真正的敵人其實就是他自己。事實上他的收入很高，14 年一共賺了 8,000 英鎊，如果在今天，他賺到的錢還會多得多。在文學上，戈德史密斯很成功，但是在做人方面，他卻缺乏樸素、自立和自尊。

事實上，在戈德史密斯內心深處，他也明白什麼才是正確的生活道路，遺憾的是他缺乏走向正確道路的勇氣。在給兄弟亨利的信中，他談及姪兒的前景時這樣寫道：「親愛的兄弟，務必好好教育你的孩子，讓他學會節儉和簡樸。讓他看看可憐的叔叔是如何淪落的。在我從經驗中領悟到節儉的意義之前，我讀了許多吹捧慷慨與無私的著作。漸漸地，我養成了哲人般的生活作風，以哲人的思考模式來看待問題，因而誤入了歧途。正是經濟拮据加上過度慷慨，使我忘記了公正的法則，甚至淪落到對那些施捨者感恩戴德的可悲境地。」

年輕時期的拜倫（Byron）便陷入了沉重的債務中。在 21 歲之前，

第十二章　債務猶如利刃

他已累積了 9,000 至 10,000 英鎊的債務，這令他愁容滿面。成年後，他舉辦了一場奢華的宴會，更增添了入不敷出的困境。據悉，臨終前的母親也因為裝潢商人的帳單而感到憤怒。文學創作的收入未能解決沉重的債務負擔。他的婚姻大概是試圖倚仗妻子的財富緩解困境，但是事與願違，反而令生活更加貧困，債主與治安官的追究更是雪上加霜。

19 世紀上半葉英國傑出的浪漫主義詩人拜倫

令人費解的是，儘管拜倫飽受生活的重重壓力，迫使他不得不將作品版權出售，但是他的出版商卻阻止了這個舉動，並給予他一筆資金以渡過當前的生活危機。在婚姻的第一年，他的家屋遭債權人占領，幾乎每天都有討債人闖入，僅憑社會地位的特權才免於入獄。拜倫本是個多愁善感的人，此番遭遇無疑令他痛苦煎熬。不久，妻子又離他而去，這幾乎將他推至瘋狂的邊緣。雖然首部詩作未能為他帶來任何收益，但是此後拜倫改變了做法，甚至能與出版商進行精彩而艱難的談判。然而，拜倫傳記中並未提及他是否最終擺脫了難以承受的債務漩渦。

在債務重壓之下，人們對此的態度各有不同。有些人表面淡定如常，內心卻隱忍著沉重負擔；有些則感到明顯壓力；有些則深陷焦慮痛

苦。債權人在他們眼中成了壓迫者，而自己則處於被壓迫的地位。在此情境下，道德意識格外敏感，他們使用他人物品而未能給予相應報酬，如穿著他人衣服、食用他人供應的食物和飲料，甚至用賒欠來招待客人。這種行為給他們帶來了深重的羞愧感，不僅是表面的拮据，更是內心的不正當。這種負疚的心理必定是沉重的負擔。

負債人群的數量正持續攀升。以雪菲勒斯·西伯為例，他是一位負債糾纏的代表性人物。曾有一次，他以購買一塊麵包為由向路人乞討 1 畿尼，卻將其當作鳥飼料。富特的母親曾致信向他求助：「親愛的兒子，我因無法償還債務已被捕入獄，懇請你盡快來救助最親愛的我。」但是富特在回信時無奈地說：「噢，親愛的媽媽，我也同樣陷入債務困境，無力幫您清償。」而斯梯爾和謝里登則對待債務格外從容。當有債務官員來訪時，他們會安排對方在馬房中等候。對斯梯爾來說，債務並未影響其內心寧靜。當他被迫離開倫敦時，他來到鄉村，仍然慷慨地贈予那些為當地帶來歡樂的男孩女孩們獎金。謝里登亦常常拿債務開玩笑，有人問為何不用「O」作為名字開頭，他坦言：「因為『O』（Owe）代表我們欠所有人的錢。」有一次，一張帳單因為反覆傳閱而略顯磨損，債權人向他道歉，謝里登只是笑著說：「身為您的朋友，我誠摯地建議您還是換用羊皮紙記帳吧，可能會更耐用些。」

而伯恩斯的態度與他人不同。雖然因為一套自願者的制服欠下 7 英鎊 4 先令的債務，但他由於無力償還而感到焦慮。臨終前，他將自己創作的最後一首詩《愛之歌》贈送給朋友湯姆遜，並再三請求對方能借給他 5 英鎊，並強調這份詩集具有升值潛力。幾日後，他不幸離世。

在西德尼·史密斯（Sidney Smith）的青春時期，他就與貧困有著艱苦的鬥爭。雖然生活貧困，但是他博學多才，家庭規模也很大。據他女

第十二章　債務猶如利刃

兒所說，債務讓史密斯承擔了許多輾轉難眠的夜晚。一張又一張的帳單不斷送來，他必須細細核查並逐一支付，感到頭上沉沉的債務壓力，飽受不安與恐慌的折磨。有一天晚上，女兒看到父親雙手掩面，痛苦地呼喊：「難道我終其一生都要在監獄中度過？」但史密斯先生勇敢面對，承受住了債務的重壓，以輕鬆愉悅的心情努力工作。在微薄收入之外，他還賺取些許外快維持基本生活。最終他獲得晉升，憑藉自己的耐心、勤勞和自力更生，改變了過往的艱辛生活，並獲得了切實的回報。

英國作家笛福

丹尼爾·笛福（Daniel Defoe）的一生無疑充滿了掙扎與艱辛。他總是愛與人爭論，往往也是挑起爭端的一方。年輕時，他已成為一名富有激情的作家，接下來又涉足多種職業，從士兵到瓦工，再到策劃人、詩人、政治代理人、小說家、散文家乃至歷史學家。然而，他也曾在監獄度過一段時光，因此對囚禁生活有所了解。當他的對手指責他唯利是圖時，他表示自己是為了追求寧靜才陷入諸多爭鬥；訴說他是如何因為他人的債務而遭起訴的，又是如何備受公眾譴責的，但是他一定會為自己的所作所為負責；雖然他有大家庭，卻顯得極度無助，除了自身勤勞之

外別無依靠，因而難免淪入債務漩渦等等。可以肯定的是，沒有人會像笛福一樣，終生與逆境搏鬥不休。雖然他在文學上有極大的成就，卻難以擺脫債務糾纏，甚至有人相信他去世時尚有未還清的債務。

羅伯特・騷塞（Robert Southey）是一位卓越的作家，其人生軌跡雖與笛福相似，然而他更像是一名學者，而非善於辯論的戰士。儘管亦曾飽受債務困擾，但是他從未被其所束縛，仍是自己生活的主宰，過著自立自強的生活。事實上，在早年職業生涯中，他就以遠離無力償還的債務為己任。不僅如此，他還慷慨地幫助身邊的人，如拯救了姐夫柯勒律治以及拉弗爾德一家。騷塞自己的生活十分拮据，但是他嚴格限制自己不沉溺於超乎實際收入的享樂與奢華。如果沒有他那股勇氣與堅韌的品格，恐怕早已被生活重擔壓垮。然而他仍孜孜不倦地研究與創作，以賺取更多維生的金錢。他堅定地走在艱難崎嶇的道路上，毫無怨言。不僅如此，他還慷慨地資助了一些才華橫溢卻英年早逝的年輕人。騷塞一生都在無私地付出與奉獻，在對文學的堅持追求中找到了真正的幸福與快樂。

在康斯特勃出版公司倒閉後，華特・史考特爵士（Walter Scott）背負了沉重的債務，然而，這個突如其來的不幸卻改變了他的人生態度。史考特曾是一位富有的地主和縣治安官，自認富裕無慮。然而，康斯特勃公司的倒閉如晴天霹靂，使他赫然發現負債已逾 10 萬英鎊。聞訊後，他感嘆道：「真難以置信，畢生努力一朝化為烏有，竟淪為窮人。若上天能再賜予我幾年健康與體力的話，我必能挽回一切。」雖然眾人皆認為他已破產，但是他未曾放棄復興的決心。當債權人提議償還部分債款時，他堅持道：「先生們，只要給我些時間，我一定能夠償還所有。」儘管這筆債務並非因他而起，但是他承擔了全部法律責任。他堅持正直原則，

第十二章　債務猶如利刃

不顧勞累過度，力圖償清最後一分錢，最終付出了生命的代價。

史考特選擇將他的房地產與家具資產分割，交給債權人作為抵押，並承諾每年償還部分債務。在此期間，他積極創作新的文學作品，其中不乏極富匠心的傑作。雖然完成了這些創作使他得以清償大部分債務，但是卻未能有效提升他的聲望。其中，他著手撰寫長達九卷的《拿破崙傳》，在痛苦、憂慮與絕望中歷時 13 個月完成，最終獲得了 14,000 英鎊的收入。儘管受到身體癱瘓的沉重打擊，史考特仍堅持創作 4 年，直至償還三分之二的債務，這在文學史上堪稱是無人能超越的成就。

華特・史考特爵士

當史考特的生命快要走到盡頭時，他的軀體大面積癱瘓，幾乎連一支筆都拿不動了。然而，他所做出的犧牲和努力足以證明他是一位真正的英雄。從始至終，他都以一種不可征服的精神，默默承受著肉體和精神上的苦痛。當醫生建議他不要過度勞神時，他回答說：「如果我的生活只剩下空虛和乏味，我必將崩潰。與此相比，死亡和威脅又算得了什麼呢？」臨終前，他坐在房前的草坪椅上打起瞌睡，突然站了起來，掀開身上的毯子，大聲呼喊：「這是多麼難以忍受的無聊啊！快把我送回房

間。拿來我書桌的鑰匙。」人們用車將他送回書房，筆墨都擺在他面前。但是他無法握筆，也無法書寫，史考特淚流滿面。儘管他的意志不可磨滅，但是他的體力已然耗盡。最終，他如同孩子般永遠地沉睡了。

史考特以及每個敏感的人都會感覺到，與負債相比，貧窮的壓力要輕得多。其實貧窮並沒有什麼不光彩的，相反地，它甚至還可能成為對造就偉大精神的有益激勵。讓‧保羅（Jean Paul）曾說過：「在金山與寶座之下，不知道埋葬了多少具有偉大思想的人。」里希特爾甚至堅持自己的觀點，他認為貧窮是無比的可貴，但是它最好不要來得太晚。無疑，史考特的負擔太沉重了，因為當時他已經進入了晚年。

莎士比亞最初也是一個窮人。卡萊爾說：「埃文河畔的斯特拉特福如果不是那樣的困苦與艱難，莎士比亞還會去做宰牛、梳理羊毛這樣的事嗎？」我們大概也可以把米爾頓和加登在著作中的創作精華歸功於他們微薄的收入。

雖然強森終生飽受貧困的煎熬，但是他卻是個極為勇敢的人。他從不將財富等同於生命的全部，因為他的偉大思想總能凌駕於其財富之上。他深信，思想才是決定人生富貴貧窮、幸福悲苦的關鍵所在。然而，強森率直的性格常常掩蓋了他內心高尚的品質。早年他雖然殷切盼望擺脫困境，卻深陷貧困和債務的泥沼。上大學時，他早已窮到連一雙完好無損的鞋子都買不起。他雖才華橫溢，卻囊中羞澀。他在倫敦奮鬥的最初幾年與貧病交加的遭遇，可以在他的書中一窺究竟。書中記載，他一天的餐食費僅有四個半便士。由於窮困潦倒，他甚至無法負擔一張床位的費用，只得與薩維奇流浪於大街之上。然而，他依然勇敢地與環境和命運抗爭，從未哀怨自己的厄運，而是積極努力改變命運，這無疑彰顯了他非凡的品格。

第十二章　債務猶如利刃

　　強森所承受的磨難和抗爭在他的性格上留下了深深的烙印。然而，這些艱難歷程也拓展和豐富了他的見聞，提升了他的同理心。即便陷入最困境，他那顆熱忱的心仍為更貧乏的人留有空間；即便能力有限，他從不吝惜自己的能力，樂意協助有需要的人。鑑於其痛苦的經歷，強森在債務問題上應該是最有發言權的人。他在致博斯韋爾的信中言道：「切勿因為生活的小困境就徹底倚賴借債，久而久之必會陷入毀滅性的窘境。務必遏制任何債務，無論賺多少，均須留存一部分，節儉不僅是安康之基，亦是援助他人的前提。」他在另一封信中寫道：「小額債務如子彈般，從四面八方襲來，難逃其害；大額債務像是大砲般震耳，卻無太大危險。你必須償還那些微不足道的債務，並且確信有如期還清。」他又說：「先生，盡力而為，這樣你心神便能寧靜；記住開支須在收入範圍內，這樣便不會出差錯了。」

　　那些依賴非凡智慧和能力生存的人，出於某種原因，竟養成了奢華浪費的生活習慣。查爾斯・諾帝亞在評論一位卓越天才時曾言：「在知識和藝術領域，他堪稱為天才；但在日常生活中，他就像個不懂事的孩童，因為他不知何為真正的生活。」諾帝亞的話實際上可用來評論許多偉大的作家或藝術家。這些傑出的創作者將內心與靈魂全然投入他們的工作，因而並不關心或考慮他們天才般的努力最終能換得多少金錢。如果他們最先考慮的是金錢，我們今日便無法欣賞到如此非凡的作品。正如米爾頓，他絕不會為了 5 英鎊的版權費而耗費如此心血創作《失樂園》。若單為謀求金錢而寫作，席勒也不會經歷 20 年的艱辛鑽研而最終抵達思想的巔峰。

　　哪怕是最聰慧的個體，也必須遵循日常的財務規則。若他們肆意揮霍，則必將陷入債務纏身的困境。他們不應該抱怨世界對自己不公，因

為首先他們作為平凡人，同樣面臨生存與死亡的問題。如果他們奢侈無度，那麼他們必須承擔與其他人一樣的債務後果。在《彭登尼斯》一書中，薩克雷描述了文人的嚴重缺失。他說：「無論身分地位如何，若律師、士兵或牧師生活無法自給，欠下帳單，終將會入獄受罰。」

文人之所以吸引他人關注，無疑是因為其身分地位。然而，社會並不會因其文人身分而寬恕或從寬處理他們犯下的錯。這個世界是公平的，為了公平，無論是文學家還是藝術家，都應該像普通人一樣，認真考慮「如何避免不幸的生活」。正如斯塔爾夫人所言：「在這個世界上，即使是最富有想像力和藝術氣息的人，也必須妥善地安排生活，過上舒適幸福的生活。」世界應慷慨地援助這些人，善良之士也應伸出援手；但是最有意義的，莫過於他們自己的努力。

第十二章　債務猶如利刃

第十三章　救濟不是萬能的

> 躺在這里的人是誰？是我，唐卡斯特的羅伯特。這是我曾經使用，曾經擁有的；這是我給予，並且現在有的；這也是我留下，並且失去的。
>
> —— 1579 年，墓誌銘

> 很多懶散之人，寧願乞討得來便士，也不願透過勞動獲取先令。
>
> —— 道格拉斯·傑拉德

> 盜竊了他人的豬，卻虛偽地將豬腳施捨給貧困者。
>
> —— 西班牙諺語

第十三章　救濟不是萬能的

人們要做到慷慨，首先就要做到節儉。因為節儉不僅能給自己帶來方便，而且還會與人為善，為別人帶來方便。它可以興建醫院，可以施捨窮人，還可以捐資辦學，發展教育事業。善良的心靈可以生出偉大的仁愛，擁有它的人仿佛擁有神的品質。就像那些大慈善、施捨家，因為擁有善良的心和仁愛而成為道德的典範，成為我們學習的對象。

人性深處潛藏著一股善意之光。不論對方飢寒交迫或身分卑微，施以援手無疑是我們的一種天賦。行善不僅能帶來祝福，更能讓我們自身獲得更多的快樂與喜悅。

對於那些將自己視為愛神、拯救眾生的人而言，把幫助他人視為是一種榮耀，更是一種責任。無論是個人或是社會成員，我們都應該接受這份職責。因為從個人層面來看，我們有義務履行這項命令，必須去援助那些不幸的人們；從社會成員的角度來看，既然社會有這般要求，我們就必須義不容辭地為人類的進步和福祉出一份力。

事實上，即便生活並不富足，人們仍可以施予善舉。正如約翰．龐德所示，他雖然生活並不寬裕，但是憑藉自己的努力創辦了多所學校。儘管學校建設不算完善，但是已遠勝於無。這位溫和善良的人常常從賺得的微薄收入中拿出大部分，為學生購買食物。學生們由衷地尊敬、崇仰他；也因為他的友善，經常將熱氣騰騰的馬鈴薯送到學生手中。他以身作則教育學生，激勵他們堅定意志。學生畢業離校時，他會送他們走出校門，教導他們要在社會上做一個盡責的人。

在沃爾頓的回憶錄中，他生動地記錄了多恩一段富有同情心與慷慨的經歷。多恩長期飽受貧困之苦，但是當他來到聖保羅謀生時，卻意外獲得一份收入豐厚的工作。他認為這份意外收入是上蒼賜予的，旨在讓他行善濟困。他有一份從不向外張揚的帳目，只有上帝與天使知曉其中

細節。他總是先計算全年總收入,再扣除慈善捐獻,最後記下剩餘的金額。他總會為這少數的餘額虔誠祈禱。

約翰·多恩(John Donne)

多恩經常暗中施行慈善,如同《聖經》所述:「不要叫你的右手知道你的左手做了什麼事。」他為許多窮人繳納保釋金,助他們恢復自由;資助貧困學子就讀;雇用忠誠可靠的僕人,結交穩重謹慎的友人,有時也將資財分發至資源匱乏的地區。他曾有位富有的朋友,這位朋友後來卻家財散盡,陷入貧困。多恩便贈予他 100 英鎊,但是那位紳士並沒有接下這筆錢,只是微笑道謝。沃爾頓補充說:「許多慷慨大方之人,都不讓人們看到自己的貧困,寧可忍受這份困苦;同樣的,憐憫、溫柔的人都懷有一顆同情的心,盡力幫助他人,避免其遭遇不幸。」多恩回應那位沒落的紳士說:「過去你富有時,曾為許多困苦的朋友帶來歡樂、信心和力量,如今我誠心希望你為了自己的快樂、信心和力量。能坦然接受我的幫助。」於是那位紳士接受了多恩的餽贈。

事實上,金錢本身並非無所不能,我們常常將其誇大了。當然,為

第十三章　救濟不是萬能的

　　了引導那些迷失的人走向善良，我們有責任施以適當的財物援助。然而，單純的金錢捐助並不能解決根本問題，因為歷史上的重大變革很少源於金錢本身。以真誠、奉獻的決心，加上踏實、認真的工作態度，就能從根源上改變人們放縱、刻薄和短視的性格，使他們在追求真正幸福的同時，也能實現自我價值。金錢也許可以為我們帶來許多，但是它自身卻什麼也做不了。擁有誠實的內心，比擁有金錢更為重要。即使富裕，若吝惜施於有需要者，也難稱為真正的富有。

　　金錢並非人生的全部，有時人們會過分注重它的重要性，追求社會地位的人往往將金錢視為關鍵因素。金錢可能帶來慷慨，也可能造成傲慢。有些人為博取他人好感，常常誇張其言辭，卻反而會引起他人的反感。

　　有些人有嚴重的拜金主義思想。例如：以色列人崇拜金牛，希臘人則塑造黃金製成的宙斯神像。一旦富人暴露出擁有「鉅額家產」的事實，那些追逐財富的人便會毫不掩飾地趨近他，討好附和他的一切觀點。熱衷於金錢和物質的貪婪欲望，無疑是人性中最卑劣的一面。人們常常會詢問他人的財富狀況和收入情況。若是告知他們某位仁慈、高尚、完美的人，他們往往會漠不關心，視之如無物；但若是提到某位擁有百萬家財的富人，他們便會豎耳聆聽，急切地打聽該富人的下落。過去在海德公園一帶，常常有人不知緣由地集聚在那裡，只為了一睹某些身家豐厚之人的蹤跡。他們會興奮地稱道：「哦，鉅富老克羅基來了！」並主動讓開道路。然而這位令人敬仰的克羅基，不過是憑藉開設賭場而發家致富的暴發戶罷了。

　　高爾夫人曾言：「野心與貪婪若能使國家昌盛，它們將會使每一個人都淪為粗鄙之人。現在的人都在奮力追逐財富，遺忘了高尚的品格，資

本已經取代他們原有的一切高尚志向。」

人們對金錢的追求已經成為一種習慣，他們將金錢置於一切之上，忽視了其他的價值與目標。這些渴求財富的人，期望透過慈善捐贈來彌補自己的道德缺失。一旦擁有了財富，人們便容易陷入虛度光陰、奢靡墮落的境地。

格雷夫斯牧師說過：「若人們不因為金錢而互相疏遠的話，世上的罪惡將減少一半。若雇主更慈善、與工人更近，並且允許工人接近，我們生活將不會那麼艱難。雇主應該顧及工人福祉，防止對方沉溺於酒色；應該撥資修建娛樂場所；應該提供更好的居所、清潔的廁所和寬敞的街巷。若雇主如此，工廠不會停擺，工人亦無須罷工。我們常常聽到人們因創造了數百萬的財富而歡呼雀躍的聲音，然而卻很少聽到，更看不到與公共設施、人民公園、圖書館、教育機構以及政府部門相關的消息。去年正值經濟最繁榮的時期，我雖然說過這樣的話，但是眾人並不關心。的確，若金錢如冬天的雪花般飛揚，或如夏天的草莓般沉重，那麼人們有何理由關注我這個布道牧師單調、平凡的碎念上呢？」

高爾夫人

第十三章　救濟不是萬能的

　　人們為了謀求財富而苦苦奮鬥。觀察他們賣力的樣子時，不免感嘆他們似乎正處於貧困之中。事實上，他們身邊已聚集了豐厚的財富。他們竭盡全力抓住一切賺錢的良機，從不放過任何可能盈利的機會。有時，他們甚至不惜屈就做一些低階的工作，只為獲得微薄的利潤。然而，他們所累積的財富已足夠維持舒適，甚至奢侈的生活。儘管如此，他們仍日復一日，竭盡全力地賺錢，渴望實現暴富的夢想。由此可見，他們很可能在年輕時缺乏良好的教育，不會享受書本所帶來的樂趣，對知識缺乏興趣，甚至連自己的姓名都拼寫困難。他們的思想被金錢所占據，唯有金錢是他們的追求對象。他們對金錢虔誠而崇拜，除此之外別無信仰。他們把孩子置於一個嚴格管控的環境中，只教導他們服從，而非培養他們的才能，甚至未能傳授基本知識。

　　這些累積下來的財富最終會傳到他們的孩子手上，這些孩子往往會因為無需節儉而揮霍家族累積的財富。他們習慣了富裕的生活，不再像先輩一樣節儉而勤勉，反而傾向於像紳士般奢侈地消費。不過，這種浪費行為往往迅速耗盡家族的財富，到了下一代便陷入貧困。商人的經營亦然，今日富足，明日可能就會落魄，這個循環的規律在歷史上層出不窮。

　　即便步入暮年，人們亦難擺脫為獲取金錢而奮力勞作、對金錢存有期盼與焦慮的狀態。然而，若欲在晚年享有幸福生活，則青壯年時期應該養成健康開朗的心態。應該吸納各種知識、培養正當的興趣愛好。許多人擁有充裕閒暇，得以涉獵傳記、探究歷史，掌握科學知識，從事與賺錢不同的、更高尚的職業。單純追求享樂無法令人幸福，尤其在老年階段；單純為生意忙碌也是一件可悲的事情。相反，鑽研文學、研究哲學或科學則能帶來真摯的快樂，該快樂更可相伴終生。對於富人而言，

若除賺錢外別無其他樂趣，其晚年必定悽涼慘淡。他可以繼續過著單調乏味、毫無意義的生活，財富也可以不斷地累積，但是這有什麼好處？他的財富既無法充饑，也無法揮霍，不如說為他帶來了災難。因為他是守財奴、吝嗇鬼，人人都會鄙視他是無恥小人，他自己也會有卑微感。臨終時，若身邊只滿堆金錢，這是多麼悲慘的結局！世界正從他眼前消失，他卻緊握著金錢不放，直至嚥氣前的最後一個舉動還是撫弄那冰涼的金幣。就如守財奴艾維斯，在臨終時呼喊：「這些都是我的金錢！誰也搶不走我的財產，這些都是我的！」多麼可怕而悽慘的景象啊！

貧者因為不節儉而遭到報應，富者因為過度節儉而遭到報應，因為他們越來越在意自己的錢包，最終在去世時如同可憐的乞丐，一無所有。有很多這方面的例證。譬如，倫敦一位最有錢的富商最後竟把自己弄得像是乞丐一樣，儘管他的積蓄豐厚，但是他寧願回到生長的貧窮村落，請求領取救濟金。他終日忐忑，心懷生怕失去一切的恐慌。當地居民最終給予了他援助。而直至他病逝，竟與乞丐無異。還有一個例子，諾思有富豪在臨死前，也去求取救濟金。這些富人去世後，他們的繼承人皆向支付他們先輩救濟金的教區機構償還了相應的費用。

這些富人離世所留下的，無非僅僅是他們在世時擁有巨額財富的事實而已。然而，財富並非高尚品德的代表，崇拜金錢是庸人才會做的事。

許多有財富的個人，實則身無名望。甚至有些富豪顯得十分無知、缺乏道德操守，乃至於完全不具備做人的基本價值。真正聲名遠播、備受讚譽的富豪卻鳳毛麟角。對此類人而言，我們唯一能說的恐怕就是，他們在生命終結時雖擁有鉅富，卻缺乏應有的地位與榮耀。

傑勒米·泰勒認為，所有累積財富的人最終都會發現，他們死後留

第十三章　救濟不是萬能的

下的不過是一句「他在臨死時很有錢」的簡單評語。對於已經躺在墳墓中的富人來說，他們的財富已經毫無意義和用處，只能成為他們不光彩人生的一筆注腳。如果說這就是他們一生的回報，那實在是一種不幸的收穫。泰勒以犀利的洞見剖析了人們對金錢的貪執，呼籲人們從物質中解脫，珍惜生命，追求更高遠的精神價值。

高爾夫人曾指出，英國的金錢紛爭往往更為殘酷，也更需民眾寬恕。其中一個原因在於家產分配不平等，幾乎全由長子獨享。其他子女往往被剝奪繼承權，無法分得半分家產。如此，那些覺得被親人欺騙的子女，對金錢產生偏執般的崇拜，寧願棄掉尊嚴和同胞的權利。他們視自己的一生為爭取權利而戰。此種制度下，我們常見的種種婚姻交易、政治黑暗與貪腐，都源於對單一子嗣的偏愛。不同政體下，即使是民主主義支持者，對金錢的熱愛也不遜於貴族。即使是堅持共和的人士，同樣渴望成為超級富豪。貪婪的本質普遍存在於各階層、體制之中。歷史上也有不少以高利貸、奴役等手段致富的例子，竟也未受輕視。即便是偉大的自由鬥士，也不想讓奴隸恢復自由。腐敗似乎早已深入社會，令人不勝慨嘆。

薩拉丁大帝堪稱那個時代最出色的軍事家與征服者。他曾攻占敘利亞、阿拉伯、波斯和美索不達米亞等地區，享有至高無上的權力與豐厚的財富。然而，他卻認為這一切都是虛幻的。在遺囑中，他吩咐負責人將大部分財產分贈予穆斯林、猶太人和基督徒，以換取三大宗教為他祈禱。他還規定在他逝世後，要由一名戰士用長矛挑起他的外袍，向他的整個軍隊和戰士們展示，同時不斷高喊：「看看皇帝遺物吧！他乃是多麼偉大的軍事家和征服者啊！他征服了無數國家，占領了廣大疆土，累積了無盡珍寶與巨額財富，然而臨終只留下了這塊裹屍布。」

薩拉丁大帝

　　唐·何塞·德·薩拉馬尼亞是西班牙最著名的鐵路工程承包商。早年間，他在格拉納達大學求學，期間穿著最簡樸的學袍，展現了他刻苦勤奮、熱愛學習的性格。畢業後，他投身於西班牙報界，不久後晉身克里斯蒂娜女王的內閣，擔任財政大臣一職。在此職位上，他得以發揮其商業才能，投資各項商業，包括在西班牙和義大利興建鐵路，以及創立數家輪船製造公司，成為其中的大股東。儘管縱身商界，薩拉馬尼亞仍熱衷於文學探索。每週他都會主持文學沙龍，邀請文壇及報界名流參與，同時也頻繁受邀出席他人舉辦的宴會。在他的書房中，最醒目的便是莎士比亞、塞凡提斯、但丁、席勒等文學巨匠的肖像畫。

　　薩拉馬尼亞回憶起自己在大學和報界的經歷，他坦言，當時自己的靈魂完全被金錢所掌控，唯一熱愛的就是金錢。在馬德里，他發現了值得崇拜的事物，但是同時也失去了年輕時的許多理想。他誠懇地告誡朋友們，如果一個人的願望得到滿足，反而會失去追逐夢想的快樂。他希望大家能專注於自己所從事的領域，因為真正不朽的人是靠汗水和勞動贏得榮耀，而非憑藉金錢。他指出，那些偉大人物的雕像遍布歐洲，但

第十三章　救濟不是萬能的

是從未見過有為終生致力於賺錢的人而立的雕像。

財富與幸福沒有必然關係，有時反而呈現對立之勢。有人認為，與貧窮搏鬥的時候最幸福，因為他們窮盡全力擺脫貧困，為他人的幸福而犧牲自己，放棄當下享樂，專注於未來自立。他們勤勞維生，也不忘涵養心性，以期改善家庭、造福社會。正如出版家威廉・錢伯斯（William Chambers）所言：「回憶那些艱辛的歲月時，我的內心喜悅，可惜難再經歷那段歲月了。當我在愛丁堡的一個小閣樓裡苦學時，口袋雖然是空的，卻感無比的快樂，那種快樂不是今日坐在舒服的沙發上可以比擬的。」

造物主會為每一個人做出一定的補償，貧富之間的差距或許沒有我們想像的大。的確，富人享有特權，但是代價也是沉重的，他們常常因為擔心自己的財產而心神不寧，生怕成為勒索的目標。富人也更容易受騙，他們周圍圍繞著伸手要錢的人。約克郡有句話說得好：「一旦有了錢，它就會消失得飛快。」從事投機生意的富人隨時都有可能一夕之間身無分文。倘若他們不肯善罷甘休，執迷於「商業運氣」，則會身心俱疲，得不償失。富人常有失眠症，輾轉反側，痛苦萬分，是由於反覆盤算得失而耗費大量精力。因為暴飲暴食，他們也容易患上痛風。正如西德內・赫姆所言：「痛風病與其他疾病不同，受害最深的，多為富人和智者，它奪去了王侯將相的生命。在此方面，造物主顯示了祂的公平正義。」

即便面對珍饈佳餚，富人亦常缺乏食慾，甚至棄置不用。然而，不論面臨何種食物，窮人都不會拒絕，絕不挑剔。當乞丐向富人乞討時，說：「我餓了，請為我提供些食物吧。」「餓？」富翁聞言，神情不無詫異地回應：「我多麼羨慕你擁有飢餓的感受啊！」阿伯奈蒂為富人開出一帖藥方：「每日僅能花費 1 先令，且須自行賺取此錢。」約克公爵問他為什麼要這樣做的時候，他答道：「切斷供給，敵人必將棄城而去。」一個

缺乏見識，難於思考的工人，其食慾和牛一樣好；然而，有人常常會為自己的胃部感到憂慮，小心翼翼地品嘗每口食物。對於整日勞累工作的人而言，幾乎不會出現食慾不振的情況。

有些人只是單純地羨慕富人的財富，卻無法承受在獲取財富過程中所面臨的種種風險和困境。丹特澤革公爵曾講過這樣一則故事：有一次，公爵在巴黎的一家豪華酒店款待了一位多年未見的老朋友。這位朋友環顧了一番公爵的住所、家具和花園，為這一切的富麗堂皇所震驚。公爵認為朋友的反應源於對自己的羨慕，於是直言不諱地說：「這一切都可以是你的，只要你答應我一個條件。」

「什麼條件？」朋友問。

「你若前行 20 步，讓我以 1,000 發子彈射向你，你是否接受？」

朋友斬釘截鐵地回應：「我絕不會接受你如此無禮的條件。」

這位公爵回答：「我曾經歷過遠超 1,000 發子彈的洗禮，而且射程更是不超過 10 步。」

馬爾博羅公爵的人生可謂出生入死地累積財富。他為後人留下了 150 萬英鎊的遺產。這位公爵以吝嗇著稱，據說有一次他竟因為僕人在帳篷內點燃了四根蠟燭而連連責備。斯威夫特曾戲言，無論何時，這位富翁絕不會捨棄隨身行李。但是正是這種小氣的一面，更襯托出了他是一位非凡的將才。甚至在生病期間，他也堅持步行回住所，僅僅為節省 6 便士。有人更是回憶，當有位年輕有為的戰士自願完成艱鉅任務時，公爵毫不猶豫賞賜了他 1,000 英鎊。柏林布魯克稱，他所記得的只有公爵的偉大，對於其弱點早已無法回憶。

第十三章　救濟不是萬能的

馬爾博羅公爵與他的家人

　　貧窮並非恥辱。人若能夠在貧困中保持尊嚴與誠實，那麼這才是值得讚美的事情。我們常常可以聽到這樣的讚美，如果一個人能夠在貧窮中保持自己的尊嚴，不為金錢搖尾乞憐、出賣自己，而以誠相待的話，那麼他的貧窮是值得我們誇耀、讚揚的。此外，如果一個人能夠自立的話，他就不能算作是一個貧窮的人，因為與那些一無是處、滿身債務的人或者紳士相比，他要幸福得多。一個人哪怕一無所有，他也不能算作是貧窮的人；但是如果他不去工作，或者不能工作的話，他就是真的貧窮。一個能夠工作、並且樂意工作的人，與那些擁有萬貫家私，沒有工作，卻只知道奢侈、享樂的人相比，他要更為富裕、幸福。

　　貧窮固然可能孕育智慧，但是貧困也並非美德。許多歷史偉人確實出身卑微，然而他們的卓越成就絕非源自貧困，而是自身的努力和堅韌意志。貧窮或許會淨化心靈，但也可能導致痛苦和絕望。勇士或許能從艱辛中發現快樂，但是貧窮同樣也會帶來種種煎熬。歷史證明，人性中的勇氣、正直和大度並不取決於財富多寡，而是植根於個人品格。那些最高尚的人往往同時也是赤貧者，他們以特殊的力量追求理想。但是正

如一位牧師所言，貧窮並非等同於痛苦，二者有著本質上的差異。痛苦往往源於生活的放縱和墮落，而只要保持誠實，貧窮卻可使人獲得尊重。能忍受貧窮、堅守信念的人，自尊心並不會因為貧困而損失；相反地，靠乞討為生的人則無補於社會，反而成為累贅。

世界上最幸福的人，通常並非富人，而是窮人。儘管人們羨慕窮人的快樂生活，卻無人願意置身其中。有一個故事可以說明這一點：有位暴君因為生活奢華而感到乏味，於是派遣使者尋找世界上最幸福的人，並命令將其脫光衣物帶回宮中。使者來到愛爾蘭，發現一位終日唱歌跳舞的男子，認為他就是世界上最幸福的人。然而當使者試圖脫去男子的衣服時，才發現原來他連一件衣物都沒有。

一位智者曾說過一句非常經典的話：「離開我吧，空虛和虛偽；貧困並非我所嚮往，富有亦非我所願；我唯一的所求，僅僅是簡單淡泊的生活。」對人類而言，幸福與財富並非平等的，但是幸福的不平等遠比財富的不平等更加重要。正如大衛·休謨所言，懂得知足常樂的人，勝過擁有每年 1,000 英鎊收入的人。蒙田也說，人所擁有的財富有其限度。善惡並非取決於財富的多寡，靈魂的力量遠勝於財富，這才是決定善惡的關鍵因素，也是主宰人們喜樂與悲憂的所在。

為慈善機構捐錢並非難事，那些長長的捐贈名單就是最佳證明。若有權勢的人物向富人要求捐贈，富人往往會爽快答應，慷慨解囊。他們將這種行為視為宗教義務，毫不費力。然而，當人們不顧受贈者利益，任意支配捐贈款物時，對受贈者而言，卻是極大的傷害。真正的仁慈，並非單純捐贈窮人；將捐款分配給貧民，只會剝奪他們的自尊與品德。許多出於善意而造成的罪過，與它所希望補救的罪惡不相上下，它助長了窮人的惡習，使他們養成了唯有依賴他人施捨才能維生的習慣。事實

第十三章　救濟不是萬能的

上，窮人完全可以靠自身力量實現幸福。

事實上，即使籌集到大量資金來救助貧困人群，也無法徹底解決問題，僅憑慈善捐贈並不足以消除所有苦難。這可能源於一些捐贈者無法預料的負面結果，他們的善舉反而誘惑他人放棄自力更生，而沉淪於依賴施捨的生活方式。人們不應該過度依賴慈善而忽視了個人的責任和尊嚴，過度的施捨可能會削弱人們勤勞工作的動力，導致更多人陷入永久貧困的境地。因此，制度性的解決方案，才是最終戰勝貧窮困境的根本之道。

我們往往眷顧那些最為卑劣的人，使其過著無憂無慮的生活；而那些勤勉工作、靠自身能力維生的人們，卻不可避免地要為這些一無是處者的生存提供慷慨濟助。慈善事業的本質就是向社會上最腐化、無恥、墮落的那一部分人伸出援手，但是對於那些不畏艱辛、誠實守信的人們，人們卻置之不理。正如卡萊爾所言：「我善良的朋友們，你們的處世之道就是只要還能將就，便不願加以干預，反而以新的稅率、新的估價方法，牢牢地抓緊它，直至它失去了任何用處，甚至完全腐朽。而到了這個時候，你們卻仍然緊握不放，並辯稱：『快，我們有必要再次幫助它。』」

單純地施捨財物是一種毫無意義的縱容，通常更為一種惡習。因為僅以金錢施與窮人，並不能從根本上達成慈善的效果。正如一位作家所言：「德行可以使人犯罪，虔敬可以造成褻瀆，智慧可使人顯得愚鈍，但是或許這一切都比不上由仁慈而導致的殘酷。世間上，智者所做的大部分工作，皆是為了填補那些善意之人所犯的過失。」

雷頓勛爵曾言：「現今社會的慈善事業，實際上已經成為人們對肆無忌憚的懶惰、墮落及無恥行為的獎賞。一旦我們意識到這一點，並了解

人類智慧中所包含的種種誤解時，我們的內心將深受到慘痛的教訓！它是多麼地浪費同情心啊！個人的過失扭曲了國家的道德品格。慈善行為是滿足人類自傲情緒的抒發管道。」

一些神職人員認為，慈善事業與宗教的傳播有著差異。例如，斯通牧師表示：「當牧師探訪貧困者時，若僅手握《聖經》而非麵包、毯子或金錢，恐怕難受歡迎。這並不意外，因為我們現在的救濟體制，正在教唆人們追求享樂和物質享受，證明他們的私欲是合理的。上帝教導我們，人生應該與個人的行為、事業有關。但是我們的救濟制度，並未使人真正領會此教訓，反而告訴他們，貧窮本身就是獲得救濟的理由，等於鼓勵放縱、墮落、奢侈和欺詐。」真正的慈善家應致力於消除人們的痛苦，抵制人們對救濟的依賴心理，幫助貧困者自立，並非大量施捨金錢，而是致力使他們感受到自立能力，從而提升品行。

近年來，社會中湧現出大量的慈善組織協會。這些團體紛紛發現了更合理、更完善且更能體現宗教精神的慈善形式，這令人感到欣慰。這些協會的工作涉及廣泛領域，例如：改善工人住宅、為大眾興建浴室和洗衣房、培養勞工的節儉及為未來著想的習慣，以及讓人們充分享受知識的好處。這些協會真正地為人著想，幫助人們建立自信，使他們能自立，而非剝奪自立權力或瓦解其既有信念。他們是值得稱頌和鼓勵的真正慈善組織，改善了人們的整體狀況。可以說，他們正是博愛精神的最高體現，不僅抱有崇高善良的動機，更願意追求美好成果。

富裕之人在生命的最後關頭，往往特別注重其財富的歸屬。假如他們終生未婚，也沒有其他可繼承者，則其累積一生的財富無人承接，又不能帶進墳墓，這引發他們的憂慮。於是，他們不得不立下遺囑，將資產轉贈他人。過往曾有富翁為了淨化他的靈魂，將大部分財富捐贈給社

第十三章　救濟不是萬能的

會，創設救濟院、修築醫院、分發給窮人或是同宗教、同行業的人。今日的富人也沿襲此例，但是種做法往往適得其反，造成受益者的災厄。如埃爾溫的富翁弗格森，在他臨終之時不知如何處置龐大的家產，雖然他的積蓄超過五十萬，卻無法將生命多延一刻。他請兩位牧師幫他立遺囑，將一部分財產分給了他的親戚——其中大多數是貧困者。然而，取得遺產的親戚中，大部分人都放棄了工作，縱歡作樂，甚至有人因此而喪命，左鄰右舍對他們的行為表示深惡痛絕。有一些人雖然不酗酒，卻也捨棄了工作，追求奢華享樂。總體來說，弗格森為他的親戚留下的這筆遺產，除了帶來災看以外，毫無益處。但是另一個方面，那些受託管理他的慈善事業的人，從他的財產中撥出一部分設立了獎學金機構，發揮了良好的效用。

史蒂芬·傑拉德是一位美國富翁，他的遺產分配方式與其他富豪不同。傑拉德是一個孤兒，從小在客船上當服務生，十一二歲時展開首次渡海北美之旅。由於缺乏教育，傑拉德僅能勉強辨識文字，唯一的目標便是賺取更多金錢。最終，他在紐約愛上了一位名叫波莉·盧姆的女子。然而，波莉的父親強烈反對他們的戀情，並阻礙他們的婚姻。儘管面對重重阻力，傑拉德仍然堅持不懈，最終娶得波莉為妻。但是這段婚姻並非他想像中的那麼完美，由於妻子對他毫無感情，導致他的性情變得暴躁易怒。於是，傑拉德遠離家庭，重回大海。至四十歲之時，他終於擁有了自己的帆船，開始在紐約、費城和新奧爾良之間從事海上貿易。

傑拉德最終定居在費城，成為一名商人。他全心全意地投入於事業，因為他決定要成為一個富翁。雖然傑拉德已經累積了一些財富，但是他仍然過著極度節儉的生活，無論哪種工作，只要可以賺錢，他都會毫不猶豫地接受。對於生活，傑拉德的態度是冷淡的，他完全被賺錢的

欲望所驅使，在他看來，生活不過是一場永無休止的勞碌奔波。然而我們不能忘記，傑拉德的家庭生活並非幸福美滿，假如上天能賜予他一位讓他感到幸福滿足的妻子，他必將變得溫和、熱情得多。他與波莉一起度過了近 10 年的艱難歲月，之後她患上了精神疾病，在賓州的醫院中住了 20 年後離世。

史蒂芬·傑拉德

事實上，傑拉德內心的情感並非一味的冷酷與嚴厲，在他潛意識的深處，仍存在著人性最美好的一面。在 1793 年費城爆發黃熱病的期間，他展現出了自己最溫和、仁慈的一面。當時，疫情奪走了成千上萬的生命，人們處於驚慌之中，就連醫院中也找不到願意照顧病患的護理人員，因為人們普遍認為這等同於自尋短見。

在疫情肆虐的危機時刻，傑拉德將自己的事業置之度外，主動承擔起公立醫院負責人的重任，並指派彼得·海姆擔任他的助手。他的商業經驗在此刻發揮了極大作用。在醫院中，傑拉德展現了驚人的組織管理能力，他的工作立即見到成效。醫院由先前的混亂無序變為井然有序、

第十三章　救濟不是萬能的

乾淨整潔，浪費被節儉代替，疏忽也被警惕所取代。傑拉德確保每位病患都得到周到的照護。他有時更會親自照顧陷於病痛的患者，甚至主動處理不幸離世者的後事。最終，災難結束了，傑拉德和助手海姆重返他們原先的工作職位。

凡是參觀過費城的遊客，都會在他們的筆記上留下這樣一段話：「史蒂芬·傑拉德和彼得·海姆，他們都是委員會的成員。當年社會上流行著一種可怕的黃熱病。兩人注意到，如果醫院沒有合適且盡職的管理者，病人很可能會被拒之門外。出於同情，他們主動要求擔任醫院的管理職位。至於這舉動引發的驚奇和結果，對於今天的我們來說，只能想像而無法用言語表達了。」

在費城的街道上，我們仍能欣賞到那些昔日美麗的房屋矗立在兩旁。這些無疑是傑拉德勤勉節儉的見證，傑拉德學院中的大理石雕像更是其最佳注腳。傑拉德大部分財富皆投注於公益慈善事業，其中包括興建並維持一所公共圖書館和孤兒院。或許，正是由於曾經如同孤兒般身處陌生環境，故而他特別同情貧苦、孤獨和被遺棄的孩子。在傑拉德學院中，有一間有著特殊布置的房間，遵循傑拉德的囑咐，專門用於儲存他的著作和論文。然而，傑拉德並未要求其親屬嚴格看管此房間，屋內物品隨意擺放，包括箱子、書櫃、他的綁腿、照片、陶器，以及那條破舊、普通的長褲背帶，它們無聲地訴說著自己的簡單樸實而小心謹慎的故事。

倫敦一所著名醫院的興建得益於書商湯瑪斯·蓋伊的慷慨捐贈。儘管蓋伊以吝嗇而聞名，但是他卓越的商業頭腦使他累積了可觀的財富，最終將其用於公益事業。他在早年就有施予他人的決心，最初在譚沃斯建立了一座收容所，收留了男女老少多達十四人。雖然後來他公司破

產，蒙受重大經濟損失，但是仍不忘初心，1724 年，在他去世前不久，他投資建成了以自己名字命名的醫院。史蒂芬·傑拉德每年都會給這些人發放撫恤金。不久後，他又為他們創建了一個圖書館。當他在譚沃斯上學的時候，他曾目睹了許許多多饑寒交迫、無家可歸的人們，惡劣的衛生條件、寒冷的天氣，對於他們來說更是雪上加霜。所以傑拉德決定要建立救濟院，幫助那些人擺脫痛苦的生活境況。

蘇格蘭地區慈善人士常以建設承擔教育功能的醫院為捐贈目標。位於愛丁堡的希爾略特醫院便是一例，該醫院由喬治·希爾略特建立，可容納 180 人。建成後，醫院資產不斷增值，愛丁堡新城大部分地區建於其土地。該事業日益壯大。另如喬治·沃森醫院的分屬醫院比較齊全，其中包括兒童醫院、婦女醫院等多家分院，皆依靠當地居民捐贈而建，旨在普及兒童基礎及高等教育。愛丁堡可謂是一座為教育而捐獻的城市。此外，安德魯·貝爾博士建立的馬德拉斯學院，以及約翰·麥克拉特捐建的美元研究所、迪克遺產委員會等，其目的均在提高教育水平，這些舉措顯著提升了學校教學品質。

喬治·希爾略特先生建立的希爾略特醫院

第十三章　救濟不是萬能的

在捐助興建的專案中，曼徹斯特創立的歐文學院可謂最為出色；利物浦的布朗圖書館和博物館亦是傑作；惠特沃斯則設立了一項年度獎學金計畫，資助技術教育，每年頒發 100 英鎊予 30 名學子。此外，著名的伯明翰科學院由約書亞·梅森爵士創立，以培養青少年的科學素養為宗旨。若能獲得其他同類機構的仿效，實在令人欣慰。此外，富人無需等到身後才捐資，生前的慈善活動不僅能體現善意。

在倫敦慈善家林立的背景下，有一位美國大銀行家帕博德先生值得我們特別關注。他的人生經歷足以寫成一部傳記，但是因篇幅所限，在此簡要概括其重要事蹟。帕博德先生注意到倫敦工人生活在極度貧困的環境中，並率先採取補救措施。當時倫敦正大規模修築地鐵、道路及公共設施，貧民被迫流離失所。先前，已有西德尼·沃德盧爵士捐資設立多家救助機構，但直至帕博德先生慷慨捐贈，這些問題才得到較全面的解決。帕博德先生本人的居住環境與普通工人無異，整潔舒適。生活在此環境中的工人，酗酒問題也有所改善，品德有所提升。帕博德先生的願景是藉由善款直接提高貧民的生活水準，使現在及未來的倫敦市民均受益。捐贈人的意願也確實得到基金管理人的貫徹落實，這本身便是一種高尚道德的行為。

事實上，這些慷慨解囊的捐贈人並非生來就富可敵國。他們都曾歷經艱辛，才最終累積了豐厚的財富。以約翰·惠特沃斯為例，他曾是克萊門特先生麾下的一名技術人員。而約書亞·梅森則先後從事過小商販、麵包房工人、製鞋匠、裁縫小工、煉銅工及電鍍工等多種職業，直到最後的電鍍工才賺到了豐厚積蓄。帕博德先生同樣憑藉自身的能力、勤奮和節儉，從一介小職員一路升至著名銀行家的地位。可見，他們所捐贈的鉅額資金，皆是靠自己的雙手和智慧而累積的成果。

第十四章　健康是最寶貴的財富

文明的最堅固的堡壘乃是一幢宅邸。

—— 班傑明·迪斯雷利
（Benjamin Disraeli）

整潔是貧窮者的高雅。

—— 英國諺語

與汙穢為伍的必定不是美德。

—— 康特·蘭福德

置身於眾多僕從的環境中，即便在各方面俱全，我們也不過是脆弱無力的幼苗，行走於溫室之中。

—— 喬治·赫伯特（George Herbert）

第十四章　健康是最寶貴的財富

俗話說，健康就是財富。事實上真是如此，如果一個人失去了健康，擁有再多的財富也是毫無意義的。所有憑藉自己的雙手勞作的人，無論從事體力勞動，還是腦力勞動，都把健康看作是一切財物中最寶貴的東西，沒有它，生活也就變得索然無味了。享樂是人類一個主要生存的目的；從人體的結構上看，無論是排列還是功能，都是為了達到這個目標而設的。

人的每一部分器官，皆有其不可思議的奧祕。視覺、聽覺、味覺、觸覺和體力，每一種感官皆彰顯了人類感受快樂的奇妙所在。然而，在種種愉悅中，又有何種快樂能與健康、享受生命的美好和幸福相提並論呢？索思伍德·史密斯博士指出，追求快樂不僅是生命的歸宿，更是延續生命的唯一途徑。越是幸福的人，壽命越長；相反，不幸的人則往往早逝。因此，擁抱更多的快樂，生命亦將延長；長期承受痛苦，則必將縮短生命。幸福是健康生活的常態，而痛苦和不幸只是一種例外現象。然而，痛苦並非全然罪惡，有時它是善意的提醒，喚醒我們對於放縱、墮落和浪費的警覺。它如同一位永恆的監督者，隨時提醒我們調整生活軌道，回歸自然、簡樸的一面，遵循其中的原則，重拾幸福的懷抱。正因如此，痛苦似乎並非自相矛盾，反而成為維持健康的前提條件。正如湯瑪斯·布朗博士所言，死亡或許是享受生命的先決條件。

因此，我們在追求幸福時不可忽視自然法則。造物主賦予人類理性的本意，正在於期望我們發現並遵守此等自然定律。若有人無法善用此等法則，並且輕視生存法則，則必將承受連綿不斷的痛苦、厄運及疾病。

若有違背自然律之人，他必將遭受應得的懲罰。譬如，若有人遊手好閒、懶於勞作，飲食失調，則可能罹患痛風、癱瘓或消化不良等疾病；

若嗜酒，則會令身體浮腫、肢體麻木，力不從心，食慾缺乏，身體健康每況愈下。酗酒之人所遭受的種種不幸與苦痛，無不體現於其身。

人的肉體若違背自然法則，就會遭到損害，社會也是如此。若某地區的排水不暢、清潔力度欠佳，人民居住在髒亂擁擠、濁氣環繞的地方，則難免引發流感、霍亂或瘟疫。此等疾病不僅遍及簡陋的茅屋中，也會蔓延到豪宅。疾病所到之處，屍橫遍野，令人怵目驚心。這樣的禍患與苦難，可以說是人類自己造成的，因為人們可以很容易避免它的發生。

很多人聚集的場所，空氣品質無疑會受到影響，除非人們能夠保持良好的空氣流通。倘若通風不達標，空氣中便會累積大量由人體呼吸排出的二氧化碳廢氣。若將這些氣體再次吸入肺部，勢必會影響肺功能，從而危害身體健康。因此可見，純淨的空氣對我們而言至關重要，其重要性絕對不亞於食物供給。若長時間困於狹小空間，必將感到不適，甚至可能窒息而亡。

在密封的空間中，即使是最活躍的小老鼠，也會因為反覆吸入自身呼出的汙濁空氣而窒息致死。同樣地，人類置身於缺氧的環境，也會有同樣的下場。被囚禁在加爾各答監獄黑暗密閉的牢房中的士兵，正是由於缺乏新鮮純淨的空氣而喪生。同樣地，工業重鎮中的幼童，也往往因為空氣汙染而難以存活至 5 歲。威廉・馮・洪堡（Wilhelm von Humboldt）曾講述一位水手的案例：他在密封的船艙內，發現一名瀕臨死亡的病人，幸而同伴及時把他抬到艙外，才得以重獲新生，足見呼吸新鮮空氣的重要性。可見，擁有清新的空氣環境，對維持生命而言至關重要。

如果成年人長期暴露於不良空氣環境，便容易引發熱病這種常見疾病。正如索思伍德・史密斯博士所言，熱病為城市帶來了沉重負擔。利

第十四章　健康是最寶貴的財富

物浦每年約有 7,000 人患熱病，多數為家庭經濟支柱，熱病不僅奪去了生命，也造成許多家庭破碎。對工業城市而言，這是沉重的社會負擔。

在英文的古詩中，那些「清貧但心境悠然的鄉野詩人」和「溫柔開朗的牧羊人」，如今，我們似乎再也找不到他們的影蹤。鄉村少女與情郎不過是再平常不過的戀人，居住於一間破舊的茅舍，僅憑每週 12 先令的收入維生。那些詩歌中所描述的，終日坐臥小溪旁，悠揚吹奏長笛的風流韻事難以再現。可憐的人為了活下去而終日勞碌奔波，要如何逍遙自在？在大多數人的眼中，他或許不過是個文化乏識的愚人。

現在讓我們一起來品味菲尼埃斯·弗萊徹的《牧羊人之家》：

「不管朝廷的走狗是否快樂，牧羊人常自認生活是幸福美滿的。雖然居住在矮陋的茅舍，卻能將不屬於自己的財富及諷刺或奉承的話都隔絕於門外。他無需擔憂臣僕背叛，因而也就不會輾轉難眠。他看守羊群，高聲歌唱，如同一隻純潔的羔羊。他的生活甜美充實，也不必恐懼受騙上當。當狂風怒號時，山毛櫸樹將為他遮風避雨，直至大自然重歸寧靜。他的生命之舟不會在險惡世俗的大海中顛簸，也不會在慵懶安逸中迷失航向。只要上天眷顧，他的人生計充滿歡愉和祥和。」

那位溫柔、開朗的牧羊人如今身在何方？是否已被那旋轉如飛的紡織機所吞噬了呢？或許哈里斯夫人所言不虛：「此等人物向來不曾真正存在。」這樣的人物可能從未真正出現於世，他只不過是詩人憑藉想像力而虛構的一個形象罷了。

傳說阿卡迪亞人在沒有鐵路，沒有公共衛生改革的時代裡，乍看之下似乎是牧歌般的生活。然而，政府部門的調查報告卻徹底粉碎了這個美麗的神話。事實上，當地農民居住於破舊簡陋的小木屋中，即便家庭人數眾多，也僅能擠於一二間室內。白日裡，房屋內擺滿各類生活用

具，到了夜晚，全家人則擠臥在唯一的大床上。這些木屋大多缺乏窗戶，只能透過茅草的隙縫感受天候變化。在這樣的環境下，丈夫常常逃離家庭到酒館打發時光，子女也無法養成文明行為。可見，這一切都遠非詩意盎然的田園生活，反而是貧困悲慘的真實寫照。

游離於主流視野之外，鄉村社區的事情往往未能引起媒體注意。然而，偶爾有傳聞指出，某些地區的整村被夷為平地，這樣做的目的竟是為了遏阻乞丐們的聚集。甚至有議員在議會公開承認，曾經「大致推倒30座村舍，以免年輕夫婦或者乞丐占據其中」。然而，他們未曾考慮被迫離鄉背井的居民該如何維生。這些無家可歸的人或許只能擠進推倒後的村舍，或湧入賑濟所，更多則選擇湧入城鎮，希冀在此尋覓生存機會。

在以製造業和重工業為主要支柱的都市中，空氣品質欠佳、衛生條件堪憂，相關管理機構不夠完善。然而，在鄉里人的視角中，城市的這些不如人意之處，卻遠遠勝過鄉村的不幸。為了謀求一份能維生的工作，眾多農村居民年復一年地如潮水般湧入城市。正是這些走出鄉村的人，才是「值得誇耀的村民、村裡的驕傲」，這正是他們的真實處境。

不幸的是，許多缺乏教育機會的弱勢群體，往往陷入了一些迷信和不合理的信仰中。根據赫特福郡縣主教委員會的報告，該地區的居民普遍相信一些古老的超自然觀念，例如視某些日子或時刻為吉利或不吉利，崇拜月相，相信符咒以求神奇療效，以及對「罪惡之眼」的畏懼等。這種深根蒂固的迷信思想，反映了當地人民長期缺乏教育資源，無法獲得客觀、理性的認知。我們需要更多的教育投入，為弱勢群體提供必要的知識技能，幫助他們擺脫陳舊的觀念束縛，走向更加開放、進步的思考模式。

西尼・史密斯曾指出，所有文明的起源都源於一種不堪的、混沌的

第十四章　健康是最寶貴的財富

生活狀態，即使是最發達的民族也不例外。如果當時就有今天的衛生報告，我們便能更清楚了解那些鄉村情人和牧羊人的真實生活情況，也許會發現與菲尼埃斯·弗萊徹所描述的大不相同。事實上，與中世紀富貴的封建領主相比，即使是現代的普通工人，其居住條件也更為舒適。不過，儘管農業勞工環境仍十分惡劣，但是相較於他們的祖輩，生活境遇已有所改善。

假如我們要保持不同於動物般的生活的話，首要任務就是擁有一個健康的家庭。健康、優秀的家庭是世界上最好的學校；在這裡，兒童能夠健康地成長。人們最高尚的品行，或者是最惡劣的行為，都是出自家庭的教化。由於人們受到了良好的家庭培養，他們的道德品行，智力程度漸漸地形成一個系統。通過家庭教育，人們可以變得有禮貌、有教養、有愛心。一個思想進步的家庭是乾淨整潔、優雅高尚的；而一個墮落腐化的家庭卻是髒亂不堪、有傷風化的。

學校校長在培養兒童性格方面的影響有限，真正塑造孩子性格的是家庭和社交圈。即便學校課程完善、知識廣博，但是孩子仍每天回到不幸、腐朽的家庭，家庭的影響力往往壓倒了學校教育。家庭教育決定了孩子的性格傾向，若這種傾向受到不良因素而扭曲，學校的教育反而可能助長他們的不良心理，而非引導他們走向正途。

家庭之於我們，不僅僅是提供居所，更是給予自尊、舒適與溫馨的地方。如果人人都能珍惜自我，社會上的一切腐敗行徑勢必煙消雲散。要使家庭成為幸福之地，使它影響所有成員，尤其是孩子，就必須營造一種舒適、整潔、溫暖、優雅的生活環境。

有時，男性似乎忽視了女性的智慧和能力，只有當他們意識到家庭生活枯燥乏味、缺乏溫馨時，才會了解家庭幸福的重要性及其根源。但

是大多數男性往往只關注女性的容貌、身材和家世背景,只要她們深深吸引了他們,他們就很容易陷入愛河。可是,即使是感情最熱烈的丈夫,在婚後也會很快地意識到,美貌無法使生活和家庭更美好。久而久之,這些困擾就會折磨著婚後的兩人。然而事實上,一個舒適愜意的家庭需要勤勞和關愛,這些都是家庭生活的必要因素。若家庭中缺乏這些,即使是受法律和教會保護的婚姻,最終也可能被酒店、旅館和賭場所破壞。

誠然,男性很少明白什麼是家庭的本質。若能稍加了解,或許便不會草率地與心儀女子結為連理。然而,一個尚未成熟的男子,加之一位稚嫩的女性所建構的家園,豈能培養出舉止得體、細心周全的子女呢?於是,家庭失去了本應具備的特質,淪為一個不舒服的寄宿之所。

令人遺憾的是,一些生活拮据的勞動家庭就是這樣的。即使在某些工業城市中,收入相對較高的勞工也可能生活在類似的家庭環境中。若一個男性每週可賺取2至3英鎊,或是收入高於牧師助手和銀行職員,他往往會養成揮霍無度的生活方式,把大部分金錢花費在飲酒上,不願意從薪資中拿出一部分用於家人,或是營造一個更加舒適、體面的家庭環境。這樣的做法必然導致家庭生活品質的下降,使之失去家的溫暖。他們將終日擠身於凌亂、簡陋的空間中,無法找到整潔、體面的痕跡。漸漸地,他們的自尊心會被蠶食,智力下降,身體狀況也每況愈下,最終早逝。即使是最偉大的哲學家,若生存在此等環境中,其心智也終將下降至與低等動物無異。許多人將原本應該用於更好居房的資金揮霍無度,其結果是疾病纏身,不得不依賴銀行儲蓄及慈善救助度日。

然而,上述情況並不是最糟糕的。這些情況正是導致人們沉溺酒精的主要原因。曾經,查德威克先生試圖勸說一位看似較為清醒的工人,

第十四章　健康是最寶貴的財富

勸他不應該將大部分收入用於威士忌之上,但工人卻回答:「親愛的先生,若您與我們一同生活,我相信您也會愛上酒精。」另一位李先生曾坦言:「我若說人們之所以酗酒,完全是由於不健康的生活環境所致,人們恐怕會覺得我言過其實。但是與我境遇相似的人,必能從中有所醒悟。正是因為家庭缺乏健康幸福,才失去生機,面對外界時感到無助無奈。於是成千上萬的人為了逃避不幸、壓抑和痛苦,而沉溺於毒品和酒精──這些是他們發洩的出口。這些人就像遭遇海難的水手,經歷一番垂死掙扎後,發現絕無生還希望,於是便用酒精麻痺自己,最終被時代所吞噬。」

有人或許會認為,上述評論過於簡單化,儘管這些工人的居住環境確實極為惡劣,衛生狀況糟糕至極,但是他們並沒有其他選擇,只能居住在這些租金低廉的破房子內。然而,社會上普遍存在「供需平衡」的說法。由於此類房屋租金低廉,並且容易覓得,這正是他們所迫切需要的。然而,若有些工人不願居住在衛生狀況極差、價格低廉的房屋,而偏好條件優越、環境較佳的住所,以營造舒適、整潔的家庭,那麼這些破房的房東勢必會提升房屋條件和周遭環境,使之成為舒適、乾淨的居所。因此,改變生活狀況的關鍵在於這些工人自身。若他們願意支付更高的租金以獲得更佳的居住環境,則此改革就大功告成了。

在前幾章中,我們提及了一些富有同情心的雇主,他們竭盡全力改善工人的居住條件。如同帕博德先生、伯迪特・考特斯夫人以及其他慈善家般,他們推動這個事業的發展,建立了諸多舒適健康的住所。然而,此事業的成功與否完全取決於工人階層自身的行為。若讓工人在兩處住所中做出選擇──有一處環境良好、舒適,另一處環境惡劣、簡陋,那麼,通常他們選擇前者。然而事實卻恰恰相反,他們偏好選擇後

者。因為那裡的每週租金較前者低 6 便士，他們並未意識到健康對人的重要性，因而為了較低的租金而選擇了那處不衛生的住所。然而，若將因為疾病而需要支付的醫療費及因而損失的薪資計算在內，那筆開支必將遠遠超過從租金中節省的些微金錢。此外，居住在髒亂不堪的環境中，不但無法享有舒適安逸，甚至還會影響心情，導致負面萎靡的生活狀態。

伯迪特・考特斯太太

對於慷慨資助住房的人而言，建造整潔衛生的居所與建造骯髒雜亂的居所的成本並無顯著差異。他們唯一需要考慮的，便是房屋內外的衛生狀況。房屋占地面積、所用材料的多寡與其是否清潔整齊毫不相干；清新空氣的成本也不比汙穢空氣昂貴，而光線亦不需支付分文。

一個節約、整潔的家庭，不僅是舒適的庇護所，也是高尚品德的培育基地，更是幸福美滿的棲身之所。在這裡，可以見到生活中的高尚與文明；在這裡，家人必將留下許多甜蜜幸福的回憶；在這裡，我們能聽到家人及鄰里親友的歡聲笑語。在我們眼中，這般家庭不僅是憑藉本能而建的居所，更是英傑人物的訓練場，甚至是人性靈魂的避難所；此等家庭是暴風雨中的庇護所，勞作後的舒適棲身地，悲痛時的真摯慰藉，

第十四章　健康是最寶貴的財富

成功後的自豪喜悅，甚至是一種永續不息的歡樂泉源。

為了使社會大眾獲得正確的衛生知識，政府投入了大量的努力。此類知識並非學者在大學演講臺上講授的深奧理論，亦無須他人一一指導。它並沒有任何神祕或高深的內容。然而，人們開始重視並接受這些知識，並非是醫學界的功勞，而是要歸功於一位律師——愛德溫・查德威克。

事實上，在查德威克身邊的同時期人士未能給予他應得的肯定。然而，他可稱得上是那個時代中最勤勉、最卓越的工作者之一，他的工作甚至影響了當時的國會立法。但論及聲名，他竟不及議會中一些無足輕重、鮮為人知的議員。

查德威克先生出身南安普敦郡望族，出生於曼徹斯特郊區。他在倫敦接受良好的教育。二十六歲時，他決定從事律師職業，隨後進入內殿法學院專修法學。雖然不是天才，但他的志向遠大，堅韌不拔，一旦確立目標，縱使前路崎嶇，亦勇往直前，絕不退縮。

在查德威克先生職業生涯的起步階段，他內心就被一個宏大的理念所占據。如果一個人的一生能被一個有善意目的的理念所充斥，那無疑是一件非凡的事情，這會為此人帶來無窮的光耀。這個理念本身並非新穎，但是由一個熱忱奮發、勤勉堅忍的人所倡導，無疑使其更添可能性，令人產生希望。

身為一位富有洞見的改革家，愛德溫・查德威克先生充分運用其專業技能和精湛的分析能力，不懈地實踐自己的主張。當時，政府的保險統計師摩根先生在議會委員會上稱：「雖然中產階級的生活條件已明顯改善，但他們的壽命並未因生活的改善而延長。」查德威克先生立即發現了這個觀點的謬誤，並決定透過細緻入微的研究反駁。他深入鑽研政府

藍皮書、公開釋出的壽命統計表和人口統計表等各種文獻，從最不起眼的細節中收集大量事實，以證明自己的見解是正確的，並向世人呈現他天才般的思想。

愛德溫・查德威克

在 1828 年 4 月的《威斯敏斯特評論》上，查德威克先生發表了一篇反駁摩根先生觀點的報告。在這份詳實的論文中，他列舉了大量可靠的事實依據，有力地證明了自己的觀點：首先，環境惡劣確實會影響人們的健康；其次，改善環境必定會相應提高人們的身體素質；再者，透過控制和消除不利於壽命的疾病和狀況，人類的壽命可以得到延長；最後，接種疫苗、適度飲酒、養成良好衛生習慣、加快醫學研究的進度，以及改善街道和居住環境都具有重要意義。查德威克先生提出的這些論點無一不基於扎實的事實基礎。透過這份周密、有力的報告，他成功推翻了摩根先生的觀點。事實上，現今社會公認，生活境遇較好的階層的預期壽命一直持續延長，而這個重要結論正是由查德威克先生首次明確證實的。

1829 年，查德威克先生的另一篇著作《預防性的警察》發表在了《倫敦評論》上。當時年已八十二歲的傑瑞米・邊沁（Jeremy Bentham）在讀到這篇文章後，讚不絕口，殷切希望能結識這位作者。不久後，邊沁達成了

第十四章　健康是最寶貴的財富

心願，他與查德威克建立了深厚的友誼。直至1832年這位哲學家辭世，查德威克先生從未間斷過與他的交往。邊沁請求查德威克協助他完成「行政法典」，並承諾若他能集中精力倡導自己的主張，必定能在這項事業的成果中占有特殊的地位。然而，查德威克先生婉言謝絕了這個提議。

1830年，查德威克先生完成了法律專業的學習，正式進入律師界。次年，當他即將涉足普通法領域之際，偶爾也會為《威斯敏斯特評論》撰寫評論文章。令人意外的是，此時他竟被任命為一個專門委員會的成員，與索思伍德・史密斯博士和圖克先生共同調查工廠勞工問題。在阿斯利勳爵和薩德勒先生的推動下，這項調查引起了廣泛關注。他們在報告中再次闡述了對公共衛生的看法和思想，將「排水、通風和供水的不完善」等問題視為引發疾病的主要原因，認為這和勞動過度同樣損害人們的健康，並縮短勞工的生命。

傑瑞米・邊沁

同一年，格雷政府任命了一支重要的委員會，旨在徹底調查英格蘭和威爾士地區的濟貧法實施情況。政府再度委託查德威克先生擔任助理調查員，負責收集相關證據。他的調查涵蓋了倫敦和伯克郡等地區。次年，他提交了一份堪稱經典的調查報告。報告內容詳實豐富，事例廣

泛，條理分明。查德威克先生既勇於揭露事實真相，又盡力保留證人原句，使報告既生動真實，又具說服力。即使是對此類藍皮書抱持懷疑態度的人，也不禁為之所吸引。

查德威克先生優越的才能自然引人矚目，他提出的建議無一不體現實用價值。因此，在他遞交報告後，他從助理調查員的位置晉升為首席調查員。1834 年，他與塞尼爾先生合作，向下議院委員會提交了一份報告，為他們贏得了聲譽。同年，參議院透過了舉世聞名的《濟貧法修正案》，其中採納了委員會所提出的大量建議，這正是查德威克先生與塞尼爾先生共同努力的結果。

我們不妨大膽斷言，在當代所有法律文獻中，該法案無疑為最具價值的一部。然而，在其通過的數年內，它卻成為了歷來最為不受認可的法案。儘管如此，查德威克先生並未氣餒，反而堅持自己的立場和信念，認定根據其報告制定的法案確有合理之處。他傾注全力，不遺餘力地為此法案辯護。正如俗語所言：「要享受人歡迎很簡單，但唯有真正的勇士勇於觸犯輿論，並且能夠成功。」查德威克正是具備此等精神的勇士，凡是正當的事物，即便遭人誹謗，他也永遠不放棄，勇往直前。

儘管查德威克先生全心全意投入繁複的文獻例證研究中，但是他從未忘記早年提出的公共衛生理念。在所有報告中，他始終貫徹這個觀點。他認為，疾病造成的沉重負擔，是造成貧困的根源之一。透過細緻入微地調查勞工乃至貧困階層的生活狀況，他深刻感受到了劣質環境中所隱藏的各種有害因素。正是這些因素破壞了人類及社會的生存與發展，並藉由熱病、肺疾和瘟疫的形式肆意吞噬生命；因此，公共衛生理念牢牢占據了他的內心。

1838 年某日，當時擔任濟貧法委員會祕書的查德威克先生，在委員

第十四章　健康是最寶貴的財富

會辦公室接獲一位神色慌張的報告：城郊一處水池附近有一場恐怖的熱疫症在擴散中，已奪去多人性命，人們將其與亞洲某地區的霍亂相提並論。查德維克立即建議委員會派遣醫師阿諾特、凱伊和索思伍德‧史密斯，深入調查導致如此嚴重後果的原因，並全面巡查倫敦的衛生狀況。最終，委員會的調查演變為對公共衛生的全面檢視。

在對公共衛生進行深入調查的過程中，查德威克先生身兼濟貧委員會成員，勤勉鑽研如何在英格蘭和威爾士之間建立一支訓練有素的特警部隊的合理方案。有一份出色的報告記錄了他當時的這個構想。報告中的論述精彩絕倫，堪與狄更斯小說媲美。透過對下層人士生活方式和習俗的研究，充分展現了查德威克先生的卓越分析能力。處理完此事後，他又重新投身終生事業——公共衛生事業。

1839年，一位倫敦大主教向上議院提出建議：由查德威克先生和三位博士共同組成的首都公共衛生狀況調查小組，應該將研究範圍擴大至整個英格蘭和威爾士，無論是城市或鄉鎮，將所有居民納入調查。此後，愛丁堡市民也向上議院請願，要求將蘇格蘭納入研究範圍。1839年8月，約翰‧羅素爵士以皇室名義致信濟貧法委員會，授予其全國範圍內開展廣泛疾病調查的特權，甚至擴展至大不列顛。當時，查德威克先生掌控著全部工作，包括策劃、分配全國調查任務、審查證據、篩選、整理、分類，最終編輯成書出版發行。

1842年，首份《倫敦衛生狀況調查報告》預備釋出。本應由濟貧法委員會官方報告的形式出版，但是委員會內部存在分歧。部分委員反對查德威克先生的觀點和新制定的濟貧法，認為報告中許多內容可能得罪權勢機構，不願為它承擔任何責任。然而，查德威克先生坦然接下全部責任，最終以其個人名義發表了這份報告。

查德威克先生無疑是克服了不可想像的艱辛和汗水才完成了這份報告以及其他報告。他必須在大量手寫或複印的資料中仔細挑選出最吸引人、最有價值的發行內容。這種強度的工作只有親身經歷者才能體會到其中的辛勞。可以說，查德威克先生在其一生中閱讀和調查的文案數量難以計數，如果集中起來的話，恐怕連他自己也會感到驚訝。

　　查德威克先生的衛生報告一經出版便引發了社會轟動。此前，沒有人敢揭開現代文明華麗表象下駭人的虛偽面具。但是查德威克先生發表此報告的目的，並非僅僅為了激起社會漣漪，而是期望喚起大家的真正重視——這也一直是他的追求。對他而言，若報告所指出的種種改善措施未能落實，報告本身也終將失去意義。因此，一個致力改善衛生環境的團體，在內閣大臣的領導下成立了。即便先前有政治上的對立派別，卻能同心協力完成這項事業。

　　1844 年，一個從實際角度全盤考慮問題的衛生委員會正式成立了。當時，自由貿易的論戰正在社會上轟轟烈烈地進行，委員會原本打算釋出的兩份旨在推動立法的報告因而被擱置，整個委員會陷入了停滯不前的狀態。然而，查德威克先生不僅是委員會成員，更是一位傑出的衛生改革家，他在首都大規模地開展調查研究。他向委員會提交了三份報告，深入探討了倫敦排水系統、下水道汙物治理以及供水系統方面的種種缺陷，而這些內容在後來的重要立法法案中被廣為採納。

　　1848 年，英國參議院透過了《公共衛生法案》，同年全國健康委員會正式成立。這個舉措代表著公共衛生概念的勝利。該委員會的工作重點放在監督和執行法案，查德威克先生便是其中的一員。為了更好地實施委員會所倡導的公共衛生原則，參議院又透過了幾項附加法案。委員會隨後廣泛釋出各類報告，為大眾提供了寶貴的資訊，涉及城市排汙用於農業灌

第十四章　健康是最寶貴的財富

溉、霍亂、檢疫、排水、公共住房等多個領域。毋庸置疑，公共衛生運動是當時社會的一大焦點，查德威克先生不懈地倡導公共衛生理念，功不可沒。可惜最終他失去了健康委員會的職務，這不僅是因為他的性格急躁，更是因為他不夠隨和，他的不隨合是針對危害公共利益的地方勢力和私人利益的。但是即便如此，仍有許多能夠客觀了解他的人，對查德威克先生給予高度評價。無論他的名聲如何，他的這番事業將永存於世。

若個人全心全意投注於行善之志，雖然沒有外界的幫助，但是，他仍可以憑藉堅毅的意志力完成心願。我們找不出比他的一生更難忘的事例了。雖然不是真正確立法案的人，但是在推動一些明智、適時的法案方面，他遠勝任何時代中的立法者的成就。他激起社會改善公共衛生的興論，震撼無數人心，使政府意識到提供優質居所的重要性。可以說，帕博德式住宅協會、考特斯夫人住宅協會，以及其他為工人階級興建良好住宅的協會來說，它們之所以能成立，皆因愛德溫·查德威克間接推動所致。

查德威克先生必將成為公益事業界的一員。他不僅事業有成，更是一位務實的人物。他完全可與克拉克森、霍華德等偉大的慈善家並駕齊驅。無論從其工作表現或是所得的成果來看，都體現了十分重大、影響深遠的意義。

衛生學，從另一個層面來說就是清潔。它的核心在於確保空氣與水的純淨。一旦發現任何汙染或雜質，便要立即清洗乾淨。因此，衛生學可謂人類知識領域中最為簡易、易於理解的學科。然而，正是由於這個特點，人們常常會忽視它的重要性，將它視作司空見慣的事物而不多加注意。許多人仍然認為，維持居室通風、管線疏通、住宅與個人整潔乾淨，乃是人人皆知的常識，無須科學知識也能做到。

衛生學或許未能引起人們應有的重視，因為它涉及了一些令人不快

的汙染和髒汙。然而，該領域的研究旨在如何從人體、家庭、街道，乃至城市中清除這些不潔。正如一段話所概括的那樣：「發現汙垢，迅速清除；保持清潔，便會有源源不斷的純淨空氣和水，有益於人的健康。」事實上，在某個城市中，如果存在有害健康的街道或社區，我們會發現該地區經常出現傷寒等疾病；相反地，如果我們清潔這樣的街道，疏通下水道，使之重拾純淨的空氣和水，那麼這些病菌將難以立足。這比吃藥打針舒服得多。

霍華德為我們揭示了人們的諸多弊端、不幸和墮落的行為，獲得了各地民眾的廣泛認同。然而，查德威克先生認為，他在利物浦、曼徹斯特和里茲地下室所發現的情況，比霍華德所發現的更為嚴峻上百倍。生活在大城市狹窄小巷的愛爾蘭貧民，常常受傷寒等疾病的侵襲，甚至有些地區被稱為「愛爾蘭熱病窟」。在此環境惡劣、衛生欠佳的貧民區，生命被病菌吞噬已不再可怕，更可怕的是道德上的淪喪。汙穢的環境孕育了各種惡習和罪行，道德墮落已經司空見慣，這裡找不到乾淨環境、文雅言行，只有汙濁空氣、淫詞穢語，以及遊手好閒、沉溺酒色的墮落思想。我們不禁要思考，這種生活環境會給婦女及兒童帶來何種影響。

身體健康與道德健康之間，以及家庭幸福與公共幸福之間，存在著不可分割的關係。若置身不潔的環境，道德腐敗所帶來的危害，遠勝於瘟疫的危害。一個地區空氣汙濁，必然充斥著庸俗、猥褻及道德淪喪。因為除了危害人身健康，更會損毀人的道德意志。一旦缺乏自尊，愚昧、怠惰和膚淺的人性特質便會蔓延。這些人渴望短暫的快感，渴望體內血液的急速流動，因而沉淪於酗酒，並由此產生無數痛苦、不幸，以及放蕩和犯罪行為。

對於不注重健康的人而言，必須為此支付沉重的代價。對富人而言，代價包括用以救助在疾病中失去依靠的寡婦和孤兒的大筆濟貧稅，

第十四章　健康是最寶貴的財富

以及自身被感染的就醫開支。疫病從貧困之地蔓延而來，終會侵襲富人的家庭，奪去他們的親人。除了濟貧稅，他們還需要為各類診所、養老院和救濟機構捐贈財物。對窮人而言，代價就是失去唯一的財富——健康。健康即是一切希望的來源，一旦失去，便陷入赤貧，甚至生命垂危。可見，對健康的漫不經心是如此可怕啊！這個道理同樣適用於對待他人和社會的態度上。

然而，衛生學卻未能引起人們應有的重視，也未能廣泛地被接納和實施，其原因恐怕是源於某些麻木不仁、不勞而獲的心理。在某些帶有地方主義色彩的政府機構中，不願意為此付出心力和金錢的人可謂比比皆是。如果要徹底消除這些疾病，首先便是提高稅率，其次則是以勤奮的態度處理公務。然而，一些利慾薰心的份子將它死死阻擋在門外，對於批評意見置若罔聞，更是嗤之以鼻。他們認為過去一切都已完美，不願有任何改變。但是一旦發生傷寒、霍亂、瘟疫等疫情，他們卻將責任推給天意，認為這是不可避免的天災，與自己毫無關係。

這些沒有任何責任可言的人們，實則已經背負了沉重的責任。正是這些將一切事件歸咎於天意的人，所引發的不幸遠超人類的一切不幸；正是他們的這種思想，使我們的物質逐漸退化腐朽，並深陷於酒精的毒害之中。正是這股思想，導致我們缺乏純淨飲用水，使大街小巷充斥著病菌，城市汙水四溢；正是此等思想，監獄和收容所人滿為患，而我們周遭走過的不是盜賊就是酒鬼。

在這個理論背後隱藏著一套可怕的信念——自由放任，換句話說，即是「聽之任之」的態度。假如有人在藥膏內摻雜不純物質，受害者所能做的就是「聽之任之」。對於那些無信譽商店張貼「本店概不退貨」的告示，又有哪位消費者能在購買前預知自己會受騙呢？人們順從地住在惡

劣的住所中，自然也會以「聽之任之」的心理安慰自己——順從命運的安排，不與死神抗衡。

當一位富豪得知關於一名貧困女子攜帶重病子女沿街乞討的消息時，他淡然道地：「這與我何干？」此名可憐的女子無法獲得濟貧院的幫助，只能抱著孩子來到富人的宅邸外乞求施捨。然而，最終孩子不幸離世。可怕的病菌不僅在窮人之間蔓延，也侵入到富人華美寢室中。

現今，這種觀點在社會上已不復當年之勢。假如它能如傳說中的妖怪般消失殆盡，那將是萬幸之事。面對社會的衰頹，我們應該寄望於找到一個願意承擔此罪過的人。錯誤與罪過是必然存在的，但是若聽憑其擺布，我們就不能推脫責任了。單憑一己之力或許不能制服惡魔，但是若團結一致，以法律的形式聚集起來，必能剿滅此魔。眾人意志匯聚成法律，能達成個人做不到的事情。當然，法律所涉範圍很廣，也許有時有過多干預，然而，也不能因此而拒斥它；相反地，在我們迫切需要的時候，更要應允它的施行。

改善城市環境衛生固然重要，但是效果往往有限。要想真正提升居民生活品質，需要更加全面、細緻的公共衛生措施。首先，必須維持外部環境的整潔，及時清理動物的排泄物，確保街道和房間都能空氣清新。然後，禁止將地下室作為居所，對新建的樓房亦需制定合理的管理政策。當然，政府僅能做到這些基礎性工作，無法強制每家每戶遵守，也並非必要如此。歸根結柢，只有系統性地改善城市環境衛生，才能真正惠及市民生活。

儘管法律不能主宰一切，但是個人的努力在這方面也不可或缺。人們所居住的房屋並非政府所有，而是由各行各業的雇主和資本家共同出資修建的。因此，如果公共衛生事業取得了豐碩成果，其中一部分功勞屬於這些私人投資者。

第十四章　健康是最寶貴的財富

　　有識之士已投入大量資金與精力，為手下工人興建符合衛生標準的住房。此舉不但改善了工人的健康狀況，也提升了他們的道德修養，更為資本家帶來意料之外的回報。這些善良仁厚的資本家正努力推廣此類善舉，以期改善更多工人的生活環境。如果城市開發商能以誠懇之心，設身處地為工人考慮，為他們營造舒適健康的居住環境，不僅是在造福工人，亦是在造福整個社會，可謂功德無量。

　　有鑑於此，資本家們能否成功建立事業，實有賴於社會底層弱勢群眾的大力支持。若是他們未能真誠地參與公共衛生運動，所取得的成果也難免有所限制。我們確有能力提升供水條件，但若是自身缺乏衛生意識，家中也難免淪為骯髒不堪。同理，我們固然能夠為民眾營造良好的通風環境，但若是脾氣暴躁的戶主故步自封，拒絕開放門窗，房室久而久之也將飽受發霉之害，損害民眾健康。無論時代或階層，每個家庭都需要一位賢慧的主人掌舵，然而，這並非單單依靠法律便可建立。即使衛生主管機關大力提倡，也難以將一個懶散粗魯的人，化為勤勞講究的人。因此，要達成最終目標，依然需要每位家庭成員的共同努力。

　　有一位研究家庭改革狀況的作者發現：「雖然惡劣的居住環境對勞動階層而言，在身心上都有嚴重危害，但是這種危害卻源於他們自身。我們通常認為人依賴於房屋，有時卻是房屋依賴於人；換言之，意識力量遠勝物質影響。即使身於惡劣的住所，擁有良好衛生習慣和整潔家風的人，也會盡力將之布置得舒適雅緻；所有令人不適的事物，都會引起他們的注意，並設法移除。相反地，將優質、整潔的住宅分配給行為散漫、無良好習慣的人，不久後他的住房便會變得雜亂骯髒，十分不得體。愛好乾淨整潔的夫妻，能將最糟糕的房舍裝點得華麗精緻；而紈褲子弟和嗜酒賭博者，只會使居處狼藉不堪。由此可見，居民的品性操

守，主宰了家居環境的優劣。因此，有必要喚起他們的責任意識，幫助他們掌握改善居家環境的各種措施。」

我們必須謹記此事，並傾盡全力協助勞工階層，為他們提供舒適、整潔的居所。眾所周知，許多地區的工人因為貧困及周遭環境因素，不得不居於雜亂、骯髒、不體面，甚至危及生命的陋室，任憑惡劣的環境踐躪他們的身心。

人的性格和行為往往源自於所身處的環境，家庭是塑造個人性格的加工坊。周遭環境的變遷不可避免地影響著我們的意識。若長期生活於雜亂、汙穢之地，禮儀和修養便容易蕩然無存，甚至演變成粗暴、卑劣的行為。大都市貧困地區的居民，終日沉浸於昏暗潮溼、雜亂不堪的環境中，難免神情沮喪、心情壓抑。在此等環境薰陶下，他們又怎麼能期待擁有優雅高尚的性情呢？又怎麼能對道德和知識的持續進步而感到滿足呢？若社會未能採取有效的措施改善此類居民的居住條件，他們的道德素質勢必不斷下降，終將沉淪至社會最底層，痛苦纏身，難以脫困。

我們的目的不僅是為人們營造更佳的居住環境，我們更希望他們能理解其中的好處。曾有一位愛爾蘭地主為改善其奴僕的居住條件而修建新房，並要求他們入住。新居比原先的草屋舒適得多，然而，當地主回到自己的莊園時，赫然發現奴僕們的居所仍然凌亂不堪，絲毫看不出整潔與舒適的蹤影：床底藏著小豬，床上跳著母雞；水泥地板厚積沙土；窗戶只剩框架；花園雜草叢生。地主頓時感到失望，認為自己的構想和做法都錯了，隨即致信一位好友傾訴苦悶。朋友在回信中說道：「我親愛的朋友，你的設想本無不妥。但是很可惜，你的第一步走錯了。你應先教會他們何謂整潔和舒適，使他們明白其中的價值所在。」因此，我們首當其衝的任務，就是讓他們了解保持整潔生活環境的重要性、這種品

第十四章　健康是最寶貴的財富

德及其對健康的影響。然而，這一切還需要他們有聰慧的大腦，才能真正理解的意思，並擁有閱讀和思考能力。換言之，他們猶如孩童，急需接受適當的教育。但是事實上，許多工人根本未受過任何教育，大多既不識字又無思考能力。若我們漠視這個事實，而只是期望他們能成為受過教育、具備各種美德、智慧和謹慎的人，那簡直是痴人說夢。

　　培養人們樹立講究衛生、熱愛潔淨的優良品德是當務之急。然而，若想要真正達成這個目標，他們也需要具備讀、寫的基本能力。整潔不僅僅關乎身體健康，更要能營造自尊自重的氛圍，進而影響整個家庭的道德面貌。節儉可視為整潔的完美詮釋，它不僅影響家務，也是舒適幸福的象徵，更是文明進步的重要代表。

　　帕雷博士經常提醒遠赴他國旅遊的人士，留意當地居民是否注重整潔，並關注當地政府是否有相關防汙規定。帕雷博士認為，透過觀察當地人是否已養成文明、自尊、勤奮的習性，能更深入了解他們的道德和社會狀況，這比其他描述方式更具說服力。一個人的文明程度、自尊心和勤勞習慣在某種程度上影響其整潔程度；缺乏衛生意識的人往往也缺乏進步、開化。城市中最不講求衛生的階層通常也是最危險的群體。若要徹底改變這些未開化者，令他們重視衛生對身心健康的影響，首先必須清除他們頭腦中的骯髒念頭。

　　在人類的天性中，骯髒的思想其實並不占有一席之地。因為它是吞噬生命、毀滅人類的寄生物。它面目猙獰，令人厭惡，只要是它存在的地方就必定是一片醜陋、骯髒。它可以使兒童缺乏耐心，變得急躁；使成人失去理智、冒冒失失，甚至是自甘墮落。凡是骯髒出現的地方，就必定不會有謙遜的美德，因為它本身就有粗魯、無禮、醜陋的特性。不注重衛生的人，必定沒有乾淨的心靈。骯髒是放縱與酗酒最友好的鄰居，衛生調查

官已經清楚明白地為我們指出，酗酒無度、放縱墮落的階級可以算作是最骯髒的階級，因為他們最願意，也最容易地從酒精和鴉片的麻醉中，為他們所處的污穢的環境和自身的不幸尋找到逃避的途徑。

整潔無疑能為我們的道德和身體帶來正面影響。整潔不僅反映了我們的自尊，更是培養許多美德的根基，特別是純潔、精巧、高雅的氣質都離不開它的影響。甚至可說，我們心智和情感的純淨，也源自於我們身體的清潔——人類的心靈和思維，處處受制於外部環境。即使是看似與個人習慣無關的事物，亦能在我們的性格、道德感和思考能力上留下印記。

在公共衛生改革的事業中，摩西可稱得上是一位卓越的實踐家。一般而言，潔淨是東方民族宗教中的一項必要條件。人們不僅將其視為虔誠的表現，更認為是虔誠的化身。東方民族把內心尋求神聖的渴望，與外在的修身連結在一起，認為若在崇拜及敬重的造物主面前未能表現得整齊、恰當，便是對神靈的輕蔑和鄙視。因此，穆斯林和清真教徒都極其重視淨身的場所。因此在聖地周圍，必定要設有供信徒們淨身的場所，以便使他們以整潔的形象面對神明。

摩西是古代猶太人最早的領袖

塞謬爾・斯邁爾斯談節儉（筆記版）：

雄踞亞馬遜勵志類圖書排行榜，超越《富爸爸，窮爸爸》的財富經典

作　　　者：[英]塞謬爾・斯邁爾斯 (Samuel Smiles)	國家圖書館出版品預行編目資料
編　　　譯：伊莉莎	塞謬爾・斯邁爾斯談節儉（筆記版）：雄踞亞馬遜勵志類圖書排行榜，超越《富爸爸，窮爸爸》的財富經典 / [英]塞謬爾・斯邁爾斯 (Samuel Smiles) 著，伊莉莎 編譯. -- 第一版. -- 臺北市：複刻文化事業有限公司, 2024.10 面;　公分 POD 版、筆記版 譯自：Thrift ISBN 978-626-7595-05-3 (平裝) 1.CST: 成功法 2.CST: 生活指導 3.CST: 個人理財 177.2　　　　　　113014627
發　行　人：黃振庭	
出　版　者：複刻文化事業有限公司	
發　行　者：複刻文化事業有限公司	
E - m a i l：sonbookservice@gmail.com	
粉　絲　頁：https://www.facebook.com/sonbookss/	
網　　　址：https://sonbook.net/	
地　　　址：台北市中正區重慶南路一段 61 號 8 樓 8F., No.61, Sec. 1, Chongqing S. Rd., Zhongzheng Dist., Taipei City 100, Taiwan	

電　　　話：(02)2370-3310
傳　　　真：(02)2388-1990
印　　　刷：京峯數位服務有限公司
律師顧問：廣華律師事務所 張珮琦律師
定　　　價：350 元
發行日期：2024 年 10 月第一版
◎本書以 POD 印製
Design Assets from Freepik.com

電子書購買

爽讀 APP　　　　臉書